I0889696

Graeme Mann & Patricia Capua Mann

68 De aedibus

Graeme Mann & Patricia Capua Mann

Quart Verlag Luzern

Graeme Mann & Patricia Capua Mann
68. Band der Reihe De aedibus / Volume 68 of the series De aedibus

Herausgeber / Edited by: Heinz Wirz, Luzern
Konzept / Concept: Heinz Wirz; Graeme Mann & Patricia Capua Mann, Lausanne
Projektleitung / Project management: Quart Verlag, Linus Wirz
Textbeitrag / Article by: Matthieu Jaccard, Lausanne / Zürich
Objekttexte / Project descriptions: Graeme Mann & Patricia Capua Mann
Vorwort / Foreword: Heinz Wirz
Textlektorat / Text editing: Miriam Seifert-Waibel, Hamburg D
Textlektorat Englisch / English text editing: Benjamin Liebelt, Berlin D
Übersetzung Französisch–Deutsch / French–German translation: Dr. Eva Dewes, Saarbrücken D
Übersetzung Französisch–Englisch / French–English translation: John Baker, Neschers F
Übersetzung Deutsch–Englisch / German–English translation:
Benjamin Liebelt S./p. 7 (Notat)
Fotos / Photos: Thomas Jantscher, Milvignes; ausser/except: Yves André, Vaumarcus S./p. 63, 64, 68, 81, 83, 84, 86, 89, 97, 101, 102
Visualisierungen / Graphics: Antoine Allaz, Lausanne; Marco De Francesco, Lausanne; Serge Caill, Bex
Grafische Umsetzung / Graphic design: Atelier Sandra Binder, Lausanne; Quart Verlag
Lithos: Printeria, Luzern
Druck / Printing: DZA Druckerei zu Altenburg GmbH

ISBN 978-3-03761-151-7

Quart Verlag GmbH
Denkmalstrasse 2, CH-6006 Luzern
books@quart.ch, www.quart.ch

De aedibus 68 – Notat

Heinz Wirz

Im Zug zwischen Freiburg und Lausanne unterwegs, erhascht mein Blick kurz und unvermittelt einen dunklen, lang gezogenen kubischen Baukörper. Dieser liegt exakt an einer oberen Hangkante, diagonal gegenüber einer grösseren Landkirche, parallel zum sanft geneigten Abhang. Das Gebäude scheint unverrückbar im Terrain verankert. Das Bild bleibt in meiner Erinnerung haften. Es wird gleichsam zu einem einfachen, aber eindrücklichen Symbolbild für das, was wir als Einbindung in die Topografie und in die bestehende Dorfstruktur verstehen können. Im Entwurf ist darüber hinaus eine gesellschaftliche Wertigkeit enthalten: die majestätische, lang-rechteckige barocke Landkirche als eine dominante Figur und die respektvoll niedrige, lang gezogene und schlichte Sport- und Mehrzweckhalle für ein kleines Dorf.
Graeme Mann und Patricia Capua Mann haben diese Halle, eine leichtfüssige, wie selbstverständliche Figur, vor 18 Jahren entworfen. Darin sind auch schon einige andere architektonische Qualitäten angelegt, die ihre Entwürfe seit 1999 auszeichnen: das Wechselspiel etwa zwischen dem Äusseren des Gebäudes, das in Formen und Materialien Bezug nimmt auf die Umgebung, sich einbindet und integriert, und der selbstbestimmten feierlichen grosszügigen Gestalt der Innenräume. Die Haupthalle, in die auch der Geräteraum und eine breite Galerie integriert sind, evoziert die Wirkung einer Höhle, die Aushöhlung des Baukörpers. Der Raum wirkt erhebend, majestätisch und durch die Naturholzoberflächen zugleich schlicht und edel. In demselben Geist sind auch die übrigen Nebenräume grosszügig, klar und übersichtlich angeordnet.
Im Folgenden können die zwei Architekten in regelmässigen Abständen Grossbauten realisieren. Dabei steigern und verfeinern sie die Qualitäten der Innenräume. So wirkt etwa die Doppelturnhalle in Borex-Crassier wie ein vibrierender Hohlkörper in Holz, der in differenziertes Licht getaucht ist. Und in der angrenzenden Galerie, die aus klaren grossflächigen Wandscheiben in Beton gleichsam komponiert ist, entfaltet sich ein episches Hell-Dunkel-Bild. Bei einem ihrer jüngsten Gebäude, dem kantonalen Sportzentrum in Leysin, setzen sich die Architekten einmal mehr betont mit der naturnahen Umgebung auseinander. Dabei entsteht ein stark aufgegliederter Baukörper in Holz, der sich einfacher archaischer Hausbilder bedient und so eine stille, poetische Reminiszenz an die rurale Bautradition der Umgebung darstellt.

Luzern, im Oktober 2017

De aedibus 68 – Notat

Heinz Wirz

Travelling on the train between Fribourg and Lausanne, I briefly caught sight of a dark, elongated, cuboid building. It is placed precisely on the top edge of a hill, diagonally opposite a large rural church and parallel to the gentle slope. The building appears to be immovably anchored to the terrain. The image remained in my mind. It was both a simple and an impressive symbol of what is meant by embedding architecture into the topography and the existing village structure. The design also incorporates an image of social significance: the dominant figure of the majestic, elongated Baroque rural church and the respectfully low, protracted and plain gymnastics and multifunctional hall for a small village.
Graeme Mann and Patricia Capua Mann designed the light-footed, natural figure of this hall 18 years ago. It already includes a number of other architectural qualities that have characterised their designs since 1999. For instance the interplay between the building exterior, which uses its forms and materials to refer to its surroundings, and the self-determined, festive, airy nature of the interior spaces. The main hall, into which the equipment room and a broad gallery are integrated, evokes the effect of a cave, of excavating a building volume. The space feels uplifting, majestic and at the same time simple and noble through the use of natural wood surfaces. The remaining auxiliary rooms express the same spirit through their generous, clear and lucid alignment.
The two architects have erected subsequent large-scale buildings on a regular basis, even enhancing and refining the qualities of the interior spaces. For instance the double sports hall in Borex-Crassier is like a vibrating hollow volume made of wood that is dipped in differentiated light. An epic image of light and dark is created in the adjoining gallery, which is composed of clear, large-scale shear walls of concrete. In one of their most recent buildings, the Cantonal Sports Hall in Leysin, the architects again engage with the near-natural surroundings. The result is a powerfully structured wooden building that uses the simple, archaic image of a house to express a silent, poetic reference to the region's rural building tradition.

Lucerne, October 2017

Graeme Mann und Patricia Capua Mann – Das Atelier geduldiger Forschung

Matthieu Jaccard

Landschaften können trügerisch sein, eine Landschaft scheint mitunter weniger eine Kulisse für das Leben ihrer Bewohner zu sein als ein Vorhang, hinter dem sich ihre Kämpfe abspielen, ihre Erfolge und ihr Unglück.

John Berger: Geschichte eines Landarztes, 1998

1967 veröffentlichte John Berger das Werk *A Fortunate Man,* das in deutscher Übersetzung unter dem Titel *Geschichte eines Landarztes* erschienen ist. Der Schriftsteller erzählt in diesem Buch von der Tätigkeit des Landarztes John Sassall, der beschlossen hat, die Stadt und die Orte, wo er sein Wissen erworben hat, zu verlassen und sich in den Dienst einer üblicherweise wenig geachteten Bevölkerungsgruppe zu stellen. Das Buch ist mit Fotografien des Genfers Jean Mohr illustriert, der zusammen mit John Berger beobachtet hat, inwieweit das Engagement eines Einzelnen den Alltag der Menschen eines grossen Einzugsgebiets verbessern kann.

1996 wurde in den Ausstellungen des Eidgenössischen Kunststipendiums in Basel und des Waadtländer Architekturpreises in Lausanne dem Publikum ein Projekt von Graeme Mann und Patricia Capua Mann präsentiert, das zwei Jahre zuvor fertiggestellt worden war: die Innenausstattung der Apotheke Gamma in Lausanne. Dass man die Arbeit dieses seit 1990 tätigen Büros erst durch die Gestaltung einer dem Hören und der Pflege gewidmeten Einrichtung kennenlernen sollte, ist symbolträchtig für ihren Werdegang. Besucht man heute diese Apotheke, so zeigt sich, dass die Baumassnahme die Zeit bemerkenswert gut überdauert hat. Die Detailgenauigkeit bei der Ausstattung und die Wahl der Materialien haben einen Raum entstehen lassen, der einladend und zugleich funktional ist. Einen beruhigenden Eindruck von Kohärenz erweckt diese Architektur, die sich in den Dienst der Personen stellt, die sich in ihr aufhalten, und nicht um sich selbst kreist.

Von Anfang an schenkte das Büro Mann & Capua Mann Wettbewerben grosse Aufmerksamkeit. Für Architekten stellen sie ein beispielloses Mittel dar, ohne das entsprechende Netzwerk, das ihnen Kunden garantieren würde, an Aufträge zu gelangen. Dank dieser Praxis, die vor dem Ende der 1990er-Jahre und dem Inkrafttreten neuer Gesetze im Falle von öffentlichen Aufträgen selten anzutreffen war, konnte sich das Büro parallel zu seinen Lehraktivitäten an der EPFL durch

Graeme Mann and Patricia Capua Mann, the patient research workshop

Matthieu Jaccard

Landscapes can be deceptive. Sometimes a landscape seems to be less a setting for the life of its habitants than a curtain behind which their struggles, achievements and accidents take place.

John Berger, A Fortunate Man, 1967

In 1967 John Berger published *A Fortunate Man*, a work translated into French with the title *Un métier idéal*. In this book, the author recounts the activity of a country doctor, John Sassall, who has chosen to leave the city and the places where he learned his trade to devote his time to a population all too often ignored. The book is illustrated with photographs taken by Geneva-born Jean Mohr who, together with John Berger, observed how the commitment of one person can improve the daily lives of people spread across a huge area.

In 1996, the exhibitions of the Bourse Fédérale des Beaux-Arts in Basel and the Distinction Vaudoise d'Architecture in Lausanne presented to the public a work by Graeme Mann and Patricia Capua Mann that was completed two years earlier – the development of the Pharmacie Gamma in Lausanne. The fact that the work of this office, active since 1990, first became known through the creation of a place dedicated to listening and care is emblematic of its approach. A visit to this pharmacy today shows just how well the work has stood the test of time. The precision of the work, the choice of materials and the attention to detail made it possible to create a space that is both welcoming and functional. Designed to serve the purposes not of itself but of the people who visit, this architecture exudes a reassuring impression of coherence.

From the very outset, the Mann Capua Mann agency placed great importance on competitions, an invaluable means of obtaining orders for architects deprived of a network that would secure their clientele. Rare before the end of the 1990s and the enactment of new laws concerning public procurement, the agency nevertheless quickly gained a reputation thanks to the numerous accolades earned in this way alongside its teaching activities within the EPFL. In 1999, its work was finally honoured with 1st Prize in the competition relating to the multipurpose sports hall in Villaz-St-Pierre. Completed in 2002, the construction once again demonstrated that the quality of a work can be measured not by the scale of the available resources used but by the manner in which they

zahlreiche lobende Erwähnungen auszeichnen. 1999 wurde seine Arbeit schliesslich mit dem 1. Preis im Wettbewerb für die Sport- und Mehrzweckhalle in Villaz-Saint-Pierre gekrönt. Das 2002 vollendete Bauwerk zeigt auf neuartige Weise, dass die Qualität einer Baumassnahme sich daran messen lässt, wie die vorhandenen Mittel eingesetzt wurden, und nicht an deren Umfang. So erlaubte die Halle dank ihrer umsichtigen und sorgsamen Platzierung eine Neuorganisation des Dorfkerns. Anstatt das bis dahin vorherrschende additive System fortzuführen, vereint der Entwurf mittels geometrischer und volumetrischer Verbindungen neue und alte Elemente in sich. Der Platz im Westen der Kirche wurde nicht nur räumlich, sondern auch gesellschaftlich aufgewertet. Er wird zum Eingangsbereich der Halle und bildet so auch den zentralen Ort, an dem alle wesentlichen Aktivitäten der Bevölkerung zusammenlaufen. Weiter unten stellt das neue Gebäude eine Verbindung zwischen dieser Terrasse und der Landschaft her. Die Halle hat in Übereinstimmung mit ihrer Funktion im Leben der Gemeinde eine verbindende Wirkung. Im Inneren gibt das Gerüst des Dachgebälks die Leitlinie vor, nach der Räume und Konstruktionslösungen ihre Form gefunden haben. Während man beim Betrachten der Details eine Kohärenz feststellen kann, die bis zum kleinsten Massstab reicht, erinnern die grossen Öffnungen zur Landschaft daran, dass es sich hier nicht um reinen Selbstzweck handelt. Diese Arbeit steht vor allem für den Respekt gegenüber dem Standort und der Gemeinschaft, die hier lebt.

Im Jahr 2001 – während der Realisierung der Sport- und Mehrzweckhalle in Villaz-Saint-Pierre – gewann das Büro den Wettbewerb für das Schulhaus Les Tuillières in Gland. Das Gebäude wurde 2005 fertiggestellt. Es befindet sich in einem grünen Viertel aus den 1960er- und 1970er Jahren, das aus Häuserblöcken und Türmen besteht, deren Formen und Materialien charakteristisch für die damalige Zeit sind. Der Vorzug des Geländes, auf dem die Architekten ihren Entwurf realisieren konnten, ist das Fehlen exakter Abgrenzungen zwischen den Gebäuden. Diese sind in einem Park verteilt, welcher der gesamten Bevölkerung offensteht. Der Entwurf beachtet dieses Prinzip und konzentriert sich auf einen kompakten Baukörper, dessen Aussenbereiche so organisiert sind, dass sie auch ausserhalb des schulischen Rahmens genutzt werden können. Der Eingang zum Collège wird von einem auskragenden Bauteil gekennzeichnet, der als überdachter Schulhof dient und die Idee verstärkt, dass die Erdgeschosse der Quartierbauten eher als Treffpunkte dienen denn als separate geschlossene Räume. Die Verbindung zwischen den Backsteinfassaden und dem umgebenden Grün stellt einen Dialog zwischen mineralischem und pflanzlichem Umfeld her. Ein solcher Dialog kehrt auch

are implemented. Thanks to the care paid to its installation, the hall therefore allowed the very heart of the village to be reorganised. Rather than perpetuating the add-on system which had prevailed until then, the project incorporated new and old elements in a single whole through geometric and volumetric lines. The square to the west of the church was enhanced both spatially and socially. It provided access to the hall, thereby placing it at the crossroads of the local population's essential activities. Below, the new building formed a link between this terrace and the surrounding countryside, creating a unifying effect with the environment commensurate to its role in community life. Inside, the framework bears testimony to the rule underpinning the form taken by the spaces and construction solutions. While close observation of the details highlights coherence down to even the smallest scale, the large openings overlooking the landscape remind us that this is not an end in itself. Above all, the work is a mark of respect for the site and the society that lives there.

In 2001, during the construction of the multipurpose sports hall in Villaz-St-Pierre, the agency won the competition for the Les Tuillières secondary school in Gland. The building was inaugurated in 2005 and is situated in a green neighbourhood dating back to the 1960s–1970s, comprising bars and towers characterised by the shapes and materials of that period. The quality of the site on which the architects based their project is the absence of partitions between the buildings. These are located in a park shared by the population as a whole. The project complied with this principle by remaining

Sport- und Mehrzweckhalle / Multipurpose sports hall, Villaz-Saint-Pierre, 2002

im Inneren wieder. Beton und Holz koexistieren in einer hellen Farbpalette, die mit den Farben im Aussenbereich kontrastiert. Indem die Architekten das Gebäude genau ausbalanciert zwischen die unterschiedlichen, sprich gegensätzlichen Umgebungen platziert haben, verleihen sie ihm einen verbindenden Charakter, der in den grosszügigen Gemeinschaftsräumen im Inneren wiederkehrt. Dieser Entwurf ist von einer solchen Augenfälligkeit, dass man sich nur schwer vorstellen kann, dass seine Realisierung nicht möglich gewesen wäre, wenn die Architekten nicht ein grosses Risiko auf sich genommen hätten. Tatsächlich übersteigt die Zahl der Stockwerke, die man durchqueren muss, um zu den höchstgelegenen Klassenzimmern zu gelangen, das, was zum Zeitpunkt des Wettbewerbs erlaubt war. So stellt dieses Gebäude nicht nur eine beispielhafte Antwort auf einen speziellen Fall dar, sondern auch einen Markstein, der es ermöglicht hat, die gesamte Schularchitektur des Kantons Waadt neu zu überdenken.

Die Sport- und Mehrzweckhalle von Villaz-Saint-Pierre und das Schulhaus Les Tuillières haben Gemeinsamkeiten: etwa die sorgfältige Berücksichtigung des Umfeldes, die genau durchdachte Positionierung, den exakten meisterlichen Zuschnitt oder auch den strukturellen Einfallsreichtum. Diese beiden Bauprojekte verbindet ferner, dass sie ausserhalb grosser Städte entstanden sind. Die Bevölkerung von Villaz-Saint-Pierre beläuft sich auf ungefähr 1000 Personen. Die Einwohnerzahl von Gland beträgt ungefähr das Elffache. Diese Standorte als geeignet dafür zu betrachten, dass sie die für die Entwicklung einer qualitätvollen

compact, with the outdoor areas planned for extra-curricular use. The entrance to the school is marked by a cantilever structure serving as a covered courtyard and consolidating the idea that the ground floor of the buildings is a meeting place rather than an exclusion zone. The relationship between the bricks of the façades and the surrounding greenery creates a dialogue between the mineral and plant components, which is also reflected inside. Concrete and wood nevertheless live side by side in a range of light shades that contrast with the colours outside. By placing the building at the crossroads between different, even contrasting, worlds, the architects gave it a federating character which can also be seen in the generosity of the common areas it houses. This project seems so obvious that it is difficult to imagine that it could never have been built at all if the architects had not taken a major risk. The number of floors to be climbed to reach the highest classrooms exceeds what was authorised at the time of the competition. The building therefore not only represents an exemplary response to a very specific case but is also a milestone which enabled architecture in the cantonal school system to be rethought from A to Z.

The multipurpose sports hall in Villaz-St-Pierre and the Les Tuillières school share certain points, such as the attention paid to the backdrop, the precision of the installation, the masterful cross-section work and the structural inventiveness. These two projects were both also built outside major cities. The population of Villaz-St-Pierre is about 1,000 while that of Gland is approximately eleven times greater. The belief that these places offered the necessary

Schulhaus Les Tuillières /
Les Tuillières secondary school, Gland, 2005

Architektur notwendigen Voraussetzungen erfüllen, verweist wieder auf John Sassall, der überzeugt davon war, dass die Verwirklichung seiner menschlichen und beruflichen Fähigkeiten nicht über den Komfort einer gut etablierten Praxis führen würde. So haben Graeme Mann und Patricia Capua Mann genau wie dieser Arzt, der zu einer Klientel ohne Ansehen gereist ist, an zahlreichen offenen Verfahren teilgenommen, um die öffentlichen Einrichtungen kleiner Kommunen zu verbessern. Nach Villaz-Saint-Pierre und Gland waren es Borex-Crassier, Cheseaux-sur-Lausanne und Apples, wo sich ihre Aktivitäten entfalteten, nachdem sie die entsprechenden Wettbewerbe in den Jahren 2004 und 2005 gewonnen hatten. Die Doppelturnhalle von Borex-Crassier, die 2007 eingeweiht wurde, zeichnet sich durch ihre klare Konzeption aus. Ein 6 Meter hoher Gitterträger erlaubt eine Öffnung von 32 Meter Länge zur Landschaft hin und lässt das Licht fein gefiltert in den Raum dringen. Das neue Gebäude, das an eine bereits bestehende Halle angebaut wurde, bringt metaphorisch die Bedingungen zum Ausdruck, die zu seiner Realisierung geführt haben: Das Projekt, das da errichtet wurde, wo Borex und Crassier aufeinandertreffen, ist ein gemeinsames Projekt der beiden Ortschaften, die aufeinander zugegangen sind, um gemeinschaftlich eine Infrastruktur zu ihrer beider Nutzung zu schaffen.

Ebenso wie bei der Doppelturnhalle in Borex-Crassier Elemente von der Sport- und Mehrzweckhalle in Villaz-Saint-Pierre aufgegriffen wurden und dennoch ihre Eigentümlichkeiten gewahrt blieben, wurde das 2008 fertiggestellte Schulzentrum Le Marais du Billet in Cheseaux-sur-Lausanne aus der Erfahrung mit dem Schulhaus Les Tuillières genährt. Die erworbene Erfahrung kam aber über die Ähnlichkeiten wie die Grundrissorganisation hinaus nicht generell zum Einsatz. In diesem Fall sind die Schulräume auf zwei Baukörper verteilt, deren Massstab dem des bereits bestehenden kommunalen Verwaltungsgebäudes entspricht. Sie sind zudem so angeordnet, dass sie einen öffentlichen Platz ausbilden. Das 2009 fertiggestellte Projekt, welches das Collège du Léman und die Mehrzwecksporthalle in Apples verbindet, ist eine weitere Demonstration dessen, was das Büro bei der Positionierung seiner Bauten das Umfeld stark berücksichtigt und was es besonders auszeichnet. Anstatt sich von einem Nachbargebäude zu distanzieren, dessen architektonisches Erscheinungsbild vermeintlich uninteressant anmutet, legen die Baumassnahmen von Mann & Capua Mann Bescheidenheit an den Tag und berücksichtigen einige von deren Charakteristika, um einen offenen Dialog herzustellen. Durch diese Öffnung entsteht aus dem Platz zwischen den beiden Baukörpern ein Ort der Begegnung zwischen Architekturen, die einerseits ihren eigenen Charakter, andererseits aber

conditions for the development of high-quality architecture is a tip of the hat to John Sassall, who felt that he did not need the comfort of an ideally located surgery to fulfil his human and professional skills. Thus, somewhat reminiscent of the doctor's rounds to his run-of-the-mill patients, Graeme Mann and Patricia Capua Mann have participated in numerous open procedures aimed at improving public infrastructures in small municipalities. After Villaz-St-Pierre and Gland, they turned their attention to Borex-Crassier, Cheseaux-sur-Lausanne and Apples in the wake of competitions won in 2004 and 2005. Inaugurated in 2007, the dual sports hall in Borex-Crassier distinguishes itself by the clarity of its design. A six-metre-high lattice beam creates an opening 32 metres long overlooking the landscape while delicately filtering the light falling into the area. Connected to an existing hall, the new building metaphorically reflects the conditions underlying its construction. Built where Borex meets Crassier, the project is shared between two villages which have joined forces to create an infrastructure of which they make joint use.

Just as the hall in Borex-Crassier incorporates elements of the Villaz-St-Pierre project while maintaining its own particularities, the Le Marais du Billet school complex in Cheseaux-sur-Lausanne – completed in 2008 – drew on the experience of the Les Tuillières school. Beyond the similarities, however, such as the floor level organisation, the experience acquired was not used in any mechanical sense. This time, the project was divided between two buildings scaled according to the existing communal

Doppelturnhalle / Dual sports hall, Borex-Crassier, 2007

auch Gemeinsamkeiten aufweisen und so ein symbolisches Echo sind auf das Verhältnis zwischen den zwölf Gemeinden, die sich für die Realisierung des Collège zusammengeschlossen haben.
Seit einigen Jahren haben bestimmte Themen im Zusammenhang mit Architektur, Stadtplanung oder Raumordnung eine bemerkenswerte Bedeutung in der öffentlichen Debatte. Die Frage der unüberlegten Entwicklung einiger Teile der Schweizer Hochebene, der Region am Genfersee oder von Stadträndern gehört dazu. Wenn man heute die Produktion des Büros betrachtet, die aus den zwischen 1999 und 2005 gewonnenen Wettbewerben hervorgegangen ist, von Villaz-Saint-Pierre über Gland, Borex-Crassier und Cheseaux-sur-Lausanne bis zu Apples, dann lässt sich ermessen, inwieweit die Arbeit von Mann & Capua Mann einen mittlerweile augenfälligen Befund vorwegnimmt: Architektonische Ambition muss nicht den grossen Städten vorbehalten sein. Sie spielt auch in den kleinsten Gemeinden eine wesentliche Rolle. Graeme Mann und Patricia Capua Mann, die durch ihre geduldige Arbeit den Personen, für die diese bestimmt ist, sowie den ihnen anvertrauten Standorten grossen Respekt erweisen, haben ein facettenreiches Lehrmodell entwickelt, um einige aktuelle Probleme zu lösen. Zwischen 2006 und 2008 hat ihnen ihr qualitätvolles Vorgehen eine Reihe von Anerkennungen eingebracht. Mehrere ihrer realisierten Projekte wurden mit Auszeichnungen bedacht, die EPFL lud sie 2006/07 als Professoren ein und 2008 wurde ihnen eine Monografie gewidmet. In dieser Zeit nahm das Büro auch Umbaumassnahmen an zwei bereits bestehenden

administrative centre and positioned with a view to promoting public space. The project incorporating the multipurpose sports hall and Collège du Léman secondary school, completed in 2009, is yet another illustration of the attention the agency pays to ensuring that its constructions blend harmoniously into their environment, irrespective of its quality. Rather than distinguishing itself from a neighbouring building which might appear architecturally uninteresting, the project has the humility to take it into consideration and draw on some of its characteristics to develop a dialogue on an equal footing. This openness makes the space between the two buildings a meeting place for architectural styles with their own character but which share certain points, symbolically echoing the relationship between the twelve villages which joined forces to develop the school.
In recent years, some themes linked to architecture, urban planning and land use planning have become particularly important in public debate. One such theme is the question of the thoughtless development of certain parts of the Swiss plateau, the Lake Geneva region and the outskirts of towns. Contemplating the agency's creations today, born of the competitions won between 1999 and 2005, from Villaz-St-Pierre to Apples and taking in Gland, Borex-Crassier and Cheseaux-sur-Lausanne on the way, enables us to measure the extent to which its works anticipated an observation that has now become clear: architectural ambition must not be limited to cities. It also has an essential role to play in even the smallest municipalities. Through their patient work, which is highly respectful of the

Schulzentrum Le Marais du Billet / Le Marais du Billet school, Cheseaux-sur-Lausanne, 2008

Gebäuden vor. Das erste ist La Chandoline, ein Apartmentgebäude von Henri-Robert von der Mühl in Lausanne aus dem Jahr 1934. Und das zweite ist ein ehemaliges Hotel in Céligny. Auch bei diesen beiden Projekten zeigte sich wieder der Respekt vor dem Bestand. Die peinliche Sorgfalt, mit der das Büro eine der Wohnungen von La Chandoline renoviert hat, zeugt von einer grossen Achtung dieses Meisterwerks der welschschweizerischen Avantgarde. Dies ist nicht verwunderlich. In ihrem Geist und ihren Formen setzt die Architektur von Graeme Mann und Patricia Capua Mann einige moderne Tendenzen fort. Sie legen grossen Wert auf eine rationelle Anwendung der Mittel und Techniken und beschäftigen sich mit der Gesellschaft als Ganzem und nicht nur mit einer bestimmten Klientel. Ihr Umbau eines ehemaligen Hotels zu einem Einfamilienhaus in Céligny offenbart ebenfalls ihre Affinität zur Bewegung der Moderne. Bereits 1912 errichtete Adolf Loos in Clarens, ausgehend von einem bestehenden Gebäude am Ufer des Genfersees, eine weisse Villa mit klaren Formen. Und über die formalen Analogien hinaus findet die Philosophie des Wiener Architekten, der sich als «Maurer, der Latein gelernt hat» betrachtete, auch ein Echo in der Art und Weise, wie Graeme Mann und Patricia Capua Mann die Stichhaltigkeit der Antworten auf konkrete Probleme und den intellektuellen Anspruch bei der Entwicklung ihres Vorgehens miteinander kombinieren.

Nach der Gegend rund um den Genfersee erforscht das Büro seit 2008 nun neue Gebiete. Innerhalb von drei Jahren gewann es drei Wettbewerbe im Wallis in den Bergen. Den Auftakt dieser Serie bildet das erfolgreiche Verfahren zum Bau einer Sekundarschule und Schule für Berufsvorbereitung in Saint-Maurice. Dieses 2015 eingeweihte Projekt ist aus vielerlei Gründen bemerkenswert. Einerseits hat das Einvernehmen zwischen den Architekten und ihren Auftraggebern zu einem aussergewöhnlichen Ergebnis geführt, und dies im Rahmen einer Partnerschaft zwischen dem Kanton Wallis und nicht weniger als acht Kommunen. Andererseits erlaubt die intelligente Baumassnahme, die städtebaulichen und sozialen Beiträge um ein Vielfaches zu steigern. Das Gebäude gibt dem östlichen Ortseingang ein neues Gesicht und strukturiert die unmittelbar angrenzende Umgebung. Diese beschränkt sich nicht mehr nur auf eine willkürliche Ansammlung von Architekturen disparaten Charakters und disparater Funktion, die Zeugen einer sprungartigen Entwicklung sind, sondern diese fügen sich nun in ein System ein, dessen Kern der Schulkomplex darstellt. Der öffentliche Platz im Herzen des U, welches das neue L-förmige Gebäude und der bestehende Gebäuderiegel des Schulsportzentrums und des Hallenbades bilden, hat eine Zentrifugalwirkung auf das Leben im Quartier.

Sekundarschule und Mehrzwecksporthalle Collège du Léman / Multipurpose sports hall and Collège du Léman secondary school, Apples, 2009

people for whom it is intended and the sites entrusted to them, Graeme Mann and Patricia Capua Mann have developed a model from which much can be learned in resolving current issues. Between 2006 and 2008, the quality of their approach earned them a number of accolades. Several of their creations won prizes, the EPLF invited them to act as Professors in 2006–2007 and a monograph was devoted to them in 2008. It was also during this period that the agency worked on two existing buildings. The first was La Chandoline, a building in Lausanne designed by Henri-Robert von der Mühl and dating back to 1934. The second was a former hotel in Céligny. Once again, the notion of respect is reflected in these two interventions. The meticulousness with which the agency renovated one of the apartments in La Chandoline bears witness to the great esteem for this masterpiece of local avant-gardism. This is hardly surprising. In its spirit and its forms, the architecture of Graeme Mann and Patricia Capua Mann perpetuates certain modernist orientations. It is attentive to making rational use of resources and technologies and is concerned by society as a whole rather than a specific client. In Céligny, the transformation of a former hotel into a family house also revealed the architects' affinity with the modern movement. In Clarens in 1912, Adolf Loos created a white house with pure lines from an existing building on the shores of Lake Geneva. Beyond the formal similarities, the philosophy of the Vienna-based architect, who saw himself as "a stonemason who had learned Latin", is echoed in the manner in which Graeme Mann and Patricia Capua Mann combine the relevance

Die Zugänge, die dorthin führen, ergeben ein Netz aus räumlichen und gesellschaftlichen Nahtstellen, durch die Orte und Personen vereint werden, die zuvor in unmittelbarer Nachbarschaft lebten, ohne je miteinander geredet zu haben. Das Bauprojekt, das die angrenzende Umgebung berücksichtigt, stellt auch einen engen Dialog mit weiter entfernten Elementen her. Seine Waschbetonfassaden greifen die mineralischen Felswände auf, die Saint-Maurice umsäumen. Sie verändern sich alle zusammen farblich je nach Witterung. Im Inneren setzt sich der Dialog zwischen Architektur und Umgebung mittels der Ausblicke auf die beeindruckenden Felswände einerseits sowie der Aussicht in die Ferne und auf die Bergkette der Dents du Midi andererseits fort. Die 515 gegründete Abtei von Saint-Maurice gehört zu den ältesten Klöstern auf der Welt, die immer noch in Betrieb sind. Mit der Eröffnung der Sekundarschule und Schule für Berufsvorbereitung 1500 Jahre später hat die Gemeinde nun wieder eine Einrichtung, die ihrer Geschichte und ihrer Tradition hinsichtlich der Exzellenz in der Ausbildung angemessen ist.
2009 gewann das Büro einen neuen Wettbewerb im Wallis, und zwar für den Bebauungsplan des Viertels Sous-Géronde in Sierre. Genau wie in Saint-Maurice konzipierten die Architekten ihren Entwurf so, dass er als Bindeglied zwischen Elementen dient, die zusammenhanglos am Rand der Gemeinde verstreut sind. Wenngleich die Arbeit städtebaulicher Natur ist, stimmen die Leitprinzipien natürlich mit denen überein, die das Büro auch für seine Architektur verfolgt, welche charakteristischerweise eine Form durch die Reflexion aller Massstäbe annimmt. Die Vorgehensweise von Graeme Mann und Patricia Capua Mann steht in der Tradition der berühmten Analogie Albertis, der die Stadt mit einem grossen Haus und das Haus mit einer kleinen Stadt verglichen hat. Dies ist nicht das Einzige, das sie mit dem Geist der Renaissance verbindet. In der Tat teilen die Architekten auch die humanistische Vorliebe für ein globales Verständnis der Dinge, den Willen, architektonische, wirtschaftliche, politische, gesellschaftliche und technische Fragestellungen parallel zu betrachten. Das Waadtländische Sportzentrum in Leysin zeigt deutlich, dass ihre Arbeiten ein Denken offenbaren, das über den reinen Bereich der Architektur hinausgeht. Das 2016 eingeweihte Sportzentrum wurde im Anschluss an einen 2010 ausgerichteten Wettbewerb realisiert, das heisst zwei Jahre, bevor die Zweitwohnungsinitiative («Zur Beendigung des invasiven Baus von Zweitwohnungen») verabschiedet wurde. Zu dem Zeitpunkt, als eine Abstimmung die Prognosen vereitelte und zeigte, dass die Schweizer Bevölkerung wollte, dass drastische Massnahmen ergriffen werden, damit der noch verfügbare Raum in ihrem Gebiet nicht allzu dicht bebaut wird, entwickelte das Büro Mann &

of their responses to specific problems and intellectual requirements in the development of their approach.
After the plateau and the Lake Geneva region, the agency began exploring new territories from 2008. Over a period of three years, it won three competitions in the Canton of Valais or in the mountains. This series began with the success of the project aimed at building a secondary school (cycle d'orientation) and a pre-vocational school in Saint-Maurice. Inaugurated in 2015, this construction is remarkable for many reasons. First, the complicity between the architects and their client meant that the level of achievement was quite extraordinary, despite the fact that the partnership brought together the Canton du Valais and no fewer than eight municipalities. Furthermore, the intelligence of the work ensured numerous urban and social contributions. The building forms the eastern entrance to the municipality and shapes its surrounding area. This is no longer limited to a collection of architectures with disparate characters and functions bearing witness to a stop-start development, instead becoming part of a system gravitating around the school complex. The public square at the heart of the U formed by the new L-shaped building and the single existing bar of the school sports centre and the indoor pool has a centrifugal effect on life in the neighbourhood. The access roads leading to it weave a series of spatial and social seams, bringing together people and places which formerly stood shoulder to shoulder without speaking to each other. Attentive to the surrounding area, the project also maintains a close dialogue with more distant elements. The washed concrete façades recall the mineral nature of the cliffs around Saint-Maurice. Together, they change colour with the weather. Inside, the dialogue between architecture and context continues through a focus on these impressive walls offset by views into the distance and the Dents du Midi. Founded in 515, the Saint-Maurice Abbey is one of the oldest working monasteries in the world. With the opening of the secondary school and a pre-vocational school some 1,500 years later, the municipality boasts an infrastructure worthy of its history and its tradition of excellence in the field of education.
In 2009, the agency won another competition in the Canton of Valais, this time for the development plan for the Sous-Géronde district in Sierre. As in Saint-Maurice, the architects designed the project so that it would serve as a link between elements scattered around the outskirts of the town. While the work was more urban in nature, the guiding principles naturally reflected those pursued by the agency in its architectural designs, which generally take shape through a thought process that takes all scales into account. The approach adopted by Graeme Mann and Patricia Capua Mann is in

Capua Mann so eine exemplarische Antwort auf diese Forderung. Da ausserdem die Berge ein während der Kampagne omnipräsentes Thema waren, ist diese genau in diesem Kontext beabsichtigt. Das Gelände für das Waadtländische Sportzentrum bot eine grosse Freiheit. Am Ortseingang von Leysin gelegen, erlaubte es die Entwicklung eines Entwurfs ohne Zwänge durch ein bereits bebautes Umfeld. Das Gebäude hätte sich auf eine Architektur beschränken können, die genau den relevanten Forderungen nachkommt und die zur Verfügung stehende Fläche komplett einnimmt. Die gewählte Lösung befolgt im Gegensatz dazu bestimmte Regeln, um dem Charakter und dem Massstab der Bauten einer voralpenländischen Gemeinde mit ungefähr 4000 Einwohnern Rechnung zu tragen. Um den baulichen Eingriff so wenig dominant wie möglich zu halten, wurde die Sporthalle unter die Erde verlegt. Oberirdisch sind die Gemeinschaftsräume und die Gästezimmer auf ein mit Holz verkleidetes Gebäude verteilt, das in mehrere Elemente gegliedert ist, die jeweils mit einem Satteldach gedeckt sind. Dies ist eine Reminiszenz an die Architektur in den Bergdörfern, wo die Gebäude so nah beieinander stehen, dass die einzelnen charakteristischen Konturen in den Hintergrund treten. Ausserdem werden so auch das Gemeinschaftsgefühl und die vertrauten Bande zwischen den Gästen zum Ausdruck gebracht, was ein Aufenthalt im Sportzentrum impliziert.

Die meisten Projekte, mit denen sich das Büro seit 2017 beschäftigt, resultieren aus Wettbewerben, die zwischen 2011 und 2014 gewonnen wurden. Das Seniorenwohnheim Fondation de Vernand in Cheseaux-sur-Lausanne und die Sekundarschule für die Region Gruyère in Riaz zeigen erneut die Meisterschaft der Architekten bei der Planung institutioneller Bauten in kleinen Gemeinden. Dank der in Leysin und Lausanne geplanten Wohnbauten konnte das Büro auch den privaten Wohnungsbau in seine Produktion einschliessen, und mit dem Fussballzentrum La Tuilière in Lausanne realisiert es eine öffentliche Einrichtung in einer grossen Stadt der Schweiz. Hinter der Vielfalt der Projekte und geografischen Situationen wird ein roter Faden in dem Schaffen der Architekten deutlich. Eines ihrer Charakteristika ist die Berücksichtigung des jeweiligen Standortes. Diese Berücksichtigung drückt sich etwa in der Art und Weise aus, wie sich die neun Fussballfelder und das angegliederte Gebäude in das Gelände einfügen. Die Wohnbauten von Leysin und Lausanne greifen auf das für das Kantonale Sportzentrum angewandte Prinzip einer Gruppe von hinlänglich nahe gelegenen Elementen zur Ausbildung eines Ensembles zurück, die jedoch noch genügend Autonomie besitzen, damit ein feines Zusammenspiel mit ihrer Umgebung entsteht. In Cheseaux-sur-Lausanne waren die Vorzüge der bestehenden Einrichtung der Ausgangspunkt für

Umwandlung eines Hotels in ein Einfamilienhaus / Conversion of a hotel to a family home, Céligny, 2008

keeping with the famous analogy of Alberti, comparing the town to a large house and the house to a small town. This is not the only point in common with the resurgent spirit. It also shares the humanistic taste for a global understanding of things, the desire to consider architectural, economic, political, social and technical issues simultaneously. The Vaudois sports building (Maison du Sport Vaudois) in Leysin clearly illustrates that the architects' work reveals a thought process that goes beyond the field of architecture. Inaugurated in 2016, the project was developed following a competition judged in 2010, some two years before the initiative "to put an end to the building of invasive second homes" was adopted. Thus, at a time when voting against the odds showed that the Swiss population wanted drastic measures to be taken to ensure that the still-available areas of its territory were used sparingly, the Mann Capua Mann agency developed an exemplary response to these demands. Furthermore, while the mountains were a theme that was omnipresent during the campaign, it was against this very backdrop that the project was developed. The land allocated to the Vaudois sports building offered considerable freedom. Situated at the entrance to Leysin, it was ideally suited to a project freed from the constraints of an existing neighbourhood. The building could have been limited to an architecture serving merely to organise the extensive programme correctly, spread across the available land. On the contrary, the course taken instead imposed certain rules designed to respect the character and scale of the buildings in a town of 4,000 inhabitants located in the foothills of the Alps. The impact of the work was minimised by the creation of an underground sports hall. Above

die Baumassnahmen, die sich ganz der Aufwertung des Parks verschreiben, welcher das Herzstück bildet. Und in Riaz scheint das Gebäude durch seine ausgeprägte Horizontalität ganz natürlich aus der grossen Ebene des Schweizer Hochlandes, wo es steht, zu erwachsen.

Die Architektur von Graeme Mann und Patricia Capua Mann ist eine, die verbindet: Natur und Gebautes, Neues und Bestehendes sowie die Menschen dazwischen. Es ist eine Kunst des Zusammenspiels und des Gleichgewichts. Durch die meisterliche Beherrschung grundlegender Themen der Architektur wie das Gestalten mit Öffnungen, Aus- und Durchblicken, die Wegeführung oder die Lichtregie können Orte entstehen, die sich nicht auf Räume beschränken, die durch Flächen begrenzt werden, sondern in einer fliessenden Beziehung mit ihrer Umgebung stehen. Sie sind konzipiert, um exakt den erwarteten Bedürfnissen zu entsprechen; sie zeigen jedoch gleichzeitig, dass die ganze Architektur in einem gebauten und gesellschaftlichen Kontext steht, der auch nicht verschwindet, wenn man den Dialog negiert. Diese Haltung hat eine befriedende Wirkung. Die Entwürfe werden nicht mittels binärer Gegensätze wie gross – klein, offen – geschlossen und privat – öffentlich entwickelt, sondern im Hinblick auf Übergänge. Die Fassadenbehandlung ist in dieser Hinsicht exemplarisch: Fassaden werden nicht als einfache, mit Öffnungen versehene Flächen betrachtet, sondern als dreidimensionale Elemente, die die Beziehung zwischen Innen- und Aussenraum individuell bestimmen. Sie bilden eine Schnittstelle zwischen dem Gebäude und seiner Umgebung und reagieren auf diese

Kantonales Sportzentrum / Vaudois sports building, Leysin, 2016

ground, the common areas and bedrooms are housed in a timber-clad building divided into several sections covered by a gable roof. This design recalls the architecture of mountain villages, where the proximity of the buildings hides the individual outlines. It also expresses the collective aspect of the project and the intimacy of the links between the boarders involved when staying in the complex.

Most of the projects that the agency has been working on since the beginning of 2017 are the result of competitions won between 2011 and 2014. The senior citizens' housing of the Vernand Foundation in Cheseaux-sur-Lausanne, and the secondary school in Riaz, are further illustrations of its excellence in handling institutional projects to be built in small towns. The housing programmes in Leysin and Lausanne have enabled the agency to include accommodation in its project portfolio while the Tuilière football centre has offered it the chance to develop a public infrastructure in a major Swiss city. Underpinning the wide range of programmes and situations is a common thread. One of its key characteristics is respect for the site – a respect that is expressed in the way the nine football pitches and the associated buildings blend into the surroundings. The housing in Leysin and Lausanne take up the same principle as that used for the Vaudois sports building: that of a family of elements sufficiently close to form a unit while remaining independent enough to adapt almost imperceptibly to their context. In Cheseaux-sur-Lausanne, the qualities of the existing structure formed the starting point for the project, designed to enhance the garden at its very heart, while in Riaz, the marked horizontality of the building seems to rise quite naturally from the great plain of the Swiss plateau.

The architecture of Graeme Mann and Patricia Capua Mann is a federating architecture. It unites nature and buildings, the new, the existing and people with each other. It is an art of articulation and balance. Fluency in the fundamental themes of architecture, such as framing, pathways or light, makes it possible to create entities which are not limited to spaces determined by surface areas but which maintain a fluid relationship with their environment. They are designed to satisfy the desired usage while indicating that any architecture must fit into a built and social context that the rejection of dialogue will not eliminate. This attitude has a pacifying effect. The projects are not developed through binary opposites such as big-small, open-closed or private-public, but instead organise transitions. The façade work is a perfect example of this. The façades are not seen as simple surfaces perforated by windows in certain places but as three-dimensional elements clarifying the relationship between interior and exterior areas, case by case. They form an interface between the building

Seniorenwohnheim Fondation de Vernand / Senior citizens' housing – Vernand Foundation, Cheseaux-sur-Lausanne, 2017

durch die Wahl der Formen und Materialien. Als besonders bedeutsames Bauprojekt zeigt die Sekundarschule für die Region Gruyère diese Vielfalt explizit. Sie bringt auch auf beispielhafte Weise den entscheidenden Stellenwert struktureller Fragen bei dem Vorgehen des Büros zum Ausdruck. «Architektur ist das, was schöne Ruinen macht», so ein berühmter Ausspruch von Auguste Perret. Durch die heitere Harmonie ihrer Proportionen, die Klarheit ihres Konstruktionssystems scheint sie sich genau wie die antiken Tempel bereits in die Liste der alterslosen Werke einzureihen. Trotzdem vereint sie auch alle Möglichkeiten ihrer Zeit in sich – eine Architektur, die zugleich aktuell und zeitlos ist.

and its environment, reacting to the latter through the choice of forms and materials. A particularly significant site, the secondary school in Riaz clearly demonstrates this richness. It is also an exemplary expression of the predominant role of structural questions in the agency's approach. "Beautiful architecture makes beautiful ruins," said Auguste Perret. Through the peaceful harmony of its proportions and the clarity of its constructive system, it already seems to be in keeping with the catalogue of timeless works, echoing ancient temples. It is nevertheless also a repository of the possibilities of its era – a timeless yet contemporary architecture.

Sport- und Mehrzweckhalle, Villaz-Saint-Pierre

Ausführung / Construction: 2000–2002
Wettbewerb / Competition: 1999
Bauherr / Client: Gemeinden Lussy, Villarimboud und Villaz-Saint-Pierre
Planung / Planning: Sandra Leitao, Mojca Zavodnik, François Eugster
Bauleitung / Construction management: Regtec SA
Bauingenieur / Structural engineer: Etec SA und Boss & Associés
Auszeichnung / Award: Architekturpreis der französischen Schweiz 2006

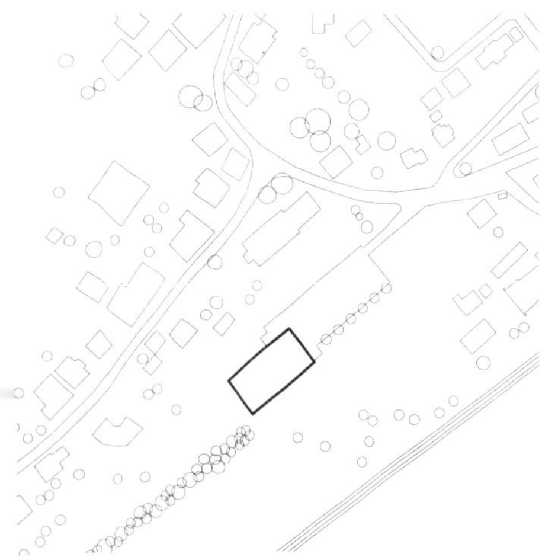

Entsprechend dem Terrassenprinzip, welches das Gelände charakterisiert, fügt sich die neue Halle in den Hang unterhalb der Kirche und des Dorfplatzes ein. Sie wird im oberen Geschoss durch den Haupteingang mit Foyer erschlossen und weist im unteren Geschoss einen grossen Saal auf. Dieser ist an den Hang gebaut und öffnet sich grosszügig zur Landschaft hin. Bei den Fassaden wurde in einem raffinierten Spiel auf Transparenz gesetzt, was die Dicke der Aussenhaut offenbart. Die Verkleidung besteht aus sägerauen Lärchenholzbrettern, die auf Treppenholmträgern montiert sind, deren Neigung entsprechend der Sichthöhe variiert. Dieses Gliederungsmittel betont die Horizontalität des Baukörpers und mildert seine volumetrische Wirkung. Vom Eingang aus bietet das Foyer einen zentrierten Blick in die Ferne, während auf der Ebene des Saals ein Gefühl von unmittelbarer Naturnähe vermittelt wird. Die sehr präsente gitterförmige Deckenkonstruktion weist ein Raster von 2,45 Metern auf und verleiht dem Innenraum auch über den Saal hinaus eine starke Raumwirkung. Durch den Einsatz von Holz liessen sich die Ausdruckskraft und der Massstab des Baukörpers mit einfachen Mitteln kontrollieren, ohne jedoch auf den öffentlichen und repräsentativen Charakter der Mehrzweckhalle zu verzichten.

Multipurpose sports hall, Villaz-Saint-Pierre

The new multipurpose sports hall is located below the church and the village square. In reference to the principle of terraced siting typical of this land, the new hall hugs the slope: the upper level constitutes the main access through a foyer while the large hall on the lower level opens up to afford a view of the countryside. The treatment of the façades is expressed by successive layers, which reveal the thickness of the cladding through the interaction of transparency. With planks positioned so as to allow the visitor to see through the cladding, the new structure acquires a strong presence, an identity. Mounted on rack supports, the slope of the planks varies with the height of the view. This focus on expression underscores the horizontality of the volume while attenuating its volumetric impact. As expressed by the foyer's large opening, certain perspectives are framed with precision while others, such as those of the cemetery and car park, are filtered to reduce their visual impact. The roof structure features a frame of laminated wooden beams with a 2.45 m grid and affords a feeling of ample space to the interior, beyond the perimeter of the hall. The use of wood has kept the expression and scale of volume under control through simple means without adversely affecting the public and representative character.

0 5m

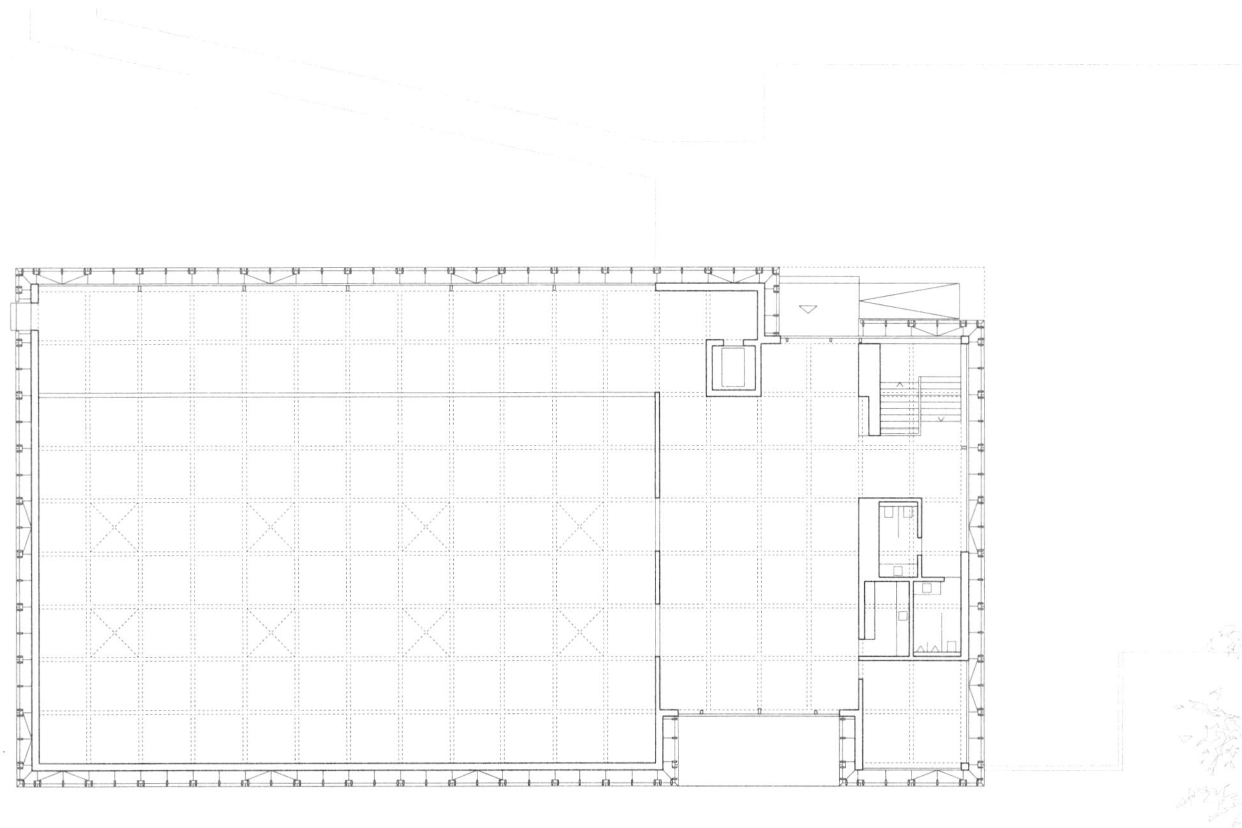

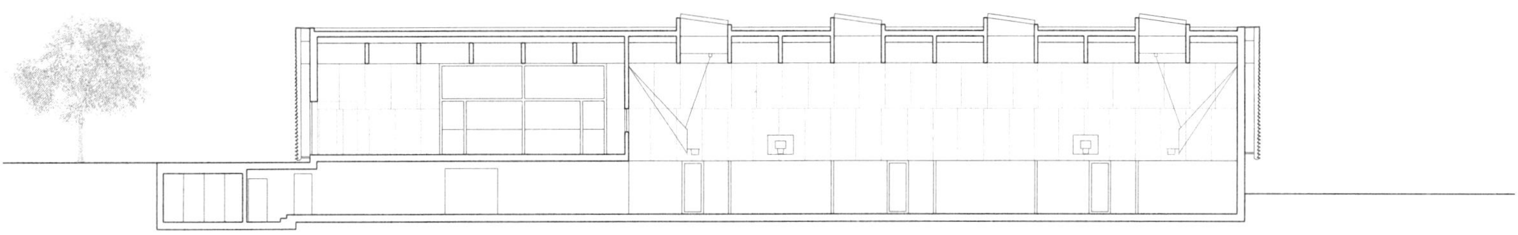

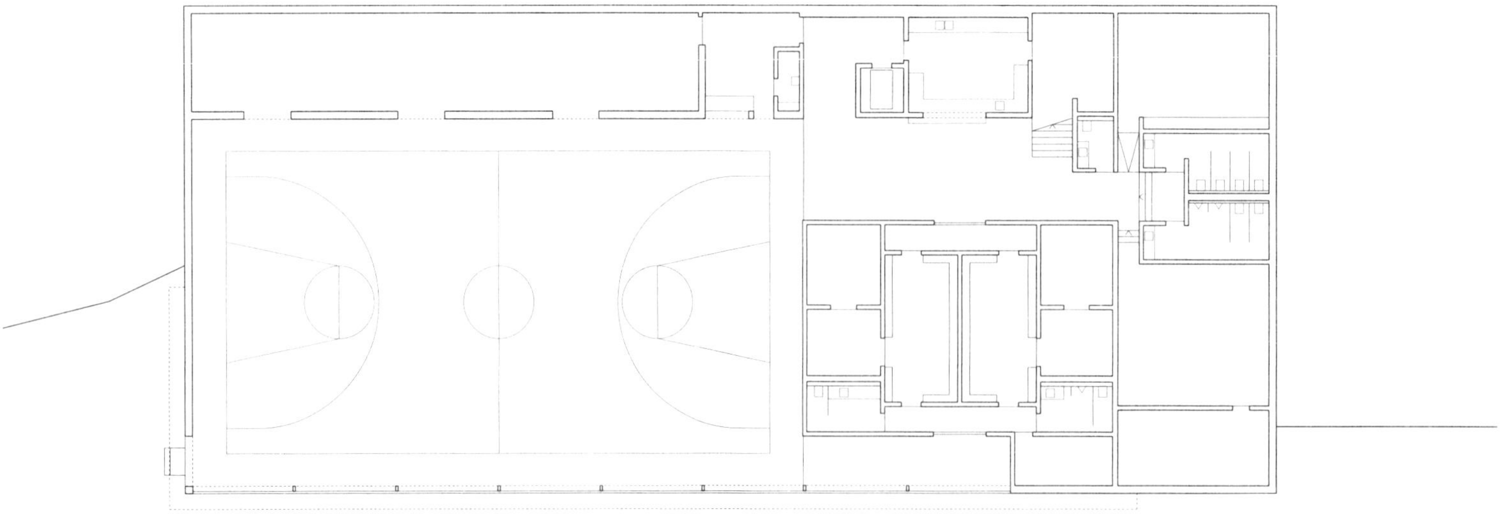

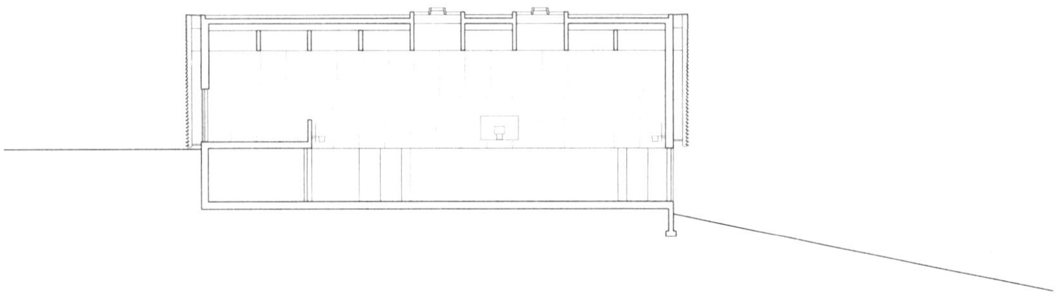

Schulhaus Les Tuillières, Gland

Les Tuillières secondary school, Gland

Ausführung / Construction: 2002–2005
Wettbewerb / Competition: 2001
Bauherr / Client: Gemeinde Gland
Planung / Planning: Dominik Riser, Véronique Favre, Philippe Steiner, Mojca Zavodnik
Bauleitung / Construction management: Regtec SA
Bauingenieur / Structural engineer: AIC ingénieurs-conseils SA
Auszeichnung / Award: Best architects 09

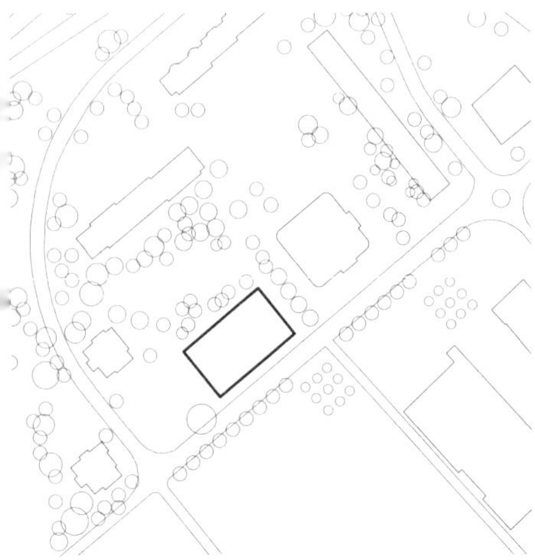

Die neue Sekundarschule befindet sich inmitten einer Stadt aus den 1960er- und 1970er Jahren. Deren Architektur ist inspiriert von Le Corbusiers Cité radieuse und präsentiert ein vom Boden losgelöstes Konzept der «privaten Nichtaneignung». Der Schulhof wurde auf einer Grünfläche positioniert, die den Bewohnern der Stadt zur Verfügung steht, und avanciert damit zum Schauplatz zahlreicher Aktivitäten. In den zur Hälfte in das Erdreich eingelassenen Gymnastiksälen ist dank ihrer Transparenz eine Blickbeziehung zwischen Strasse und Schulhof gewährleistet. Die Klassenräume verteilen sich auf die drei oberen Etagen rund um eine grosse zentrale kaskadenartig angelegte Halle, die Sichtverbindungen zwischen den einzelnen Geschossen herstellt. Die grossen Spannweiten, welche die Statik der Gymnastiksäle bestimmen, werden durch Betonsegel in den Stockwerken der Klassenräume ermöglicht. Diese Segel verlaufen parallel zu den Langseiten des Baukörpers, dessen beide Fassaden ebenfalls eine tragende Funktion haben, und bilden die Primärstruktur. Die Sekundärstruktur und die Querverbindung werden von Platten aus Stahlbeton gewährleistet. Nach dem selben statischen Prinzip organisiert kragen die drei oberen Etagen 9 Meter aus. Auf diese Weise wird ein Teil des Schulhofs überdeckt und der Eingang zum Schulgebäude markiert. Die Klinkerfassade verstärkt die monolithische Wirkung des Baukörpers und steht in starkem Gegensatz zur Innenraumgestaltung, die sich durch eine fliessende Leichtigkeit der Räume auszeichnet.

The new school is an integral part of an urban environment with an architecture inspired by Le Corbusier's "Ville radieuse" and pays tribute to a very clear concept of "non-private appropriation" of the ground. The generous presence of a large park-like area made available to all residents is one of the major highlights of this architectural concept.The integration of the schoolyard in this green space fosters a community function further enriched by the interaction of activities. The classrooms are distributed on the three upper levels around a large, central, cascade-like hall that creates visual relationships between the individual storeys. The wide spans that define the sports halls on the lower level result in a set of concrete shear walls on the classroom floors, defining the load-bearing structure.
The layout of these shear walls, parallel to the large sides of the volume whose two façades are also supporting structures, makes up the primary structure. The secondary structure and shear walls are ensured by slabs of reinforced concrete. Slabs of reinforced concrete ensure the secondary structure and shear walls. According to the same load-bearing system, the three upper levels form a cantilever nine metres deep which protects a portion of the schoolyard and marks the entrance to the building. The monolithic look of the exterior contrasts sharply with the atmosphere inside marked by the lightness and fluidity of space.

0 5m

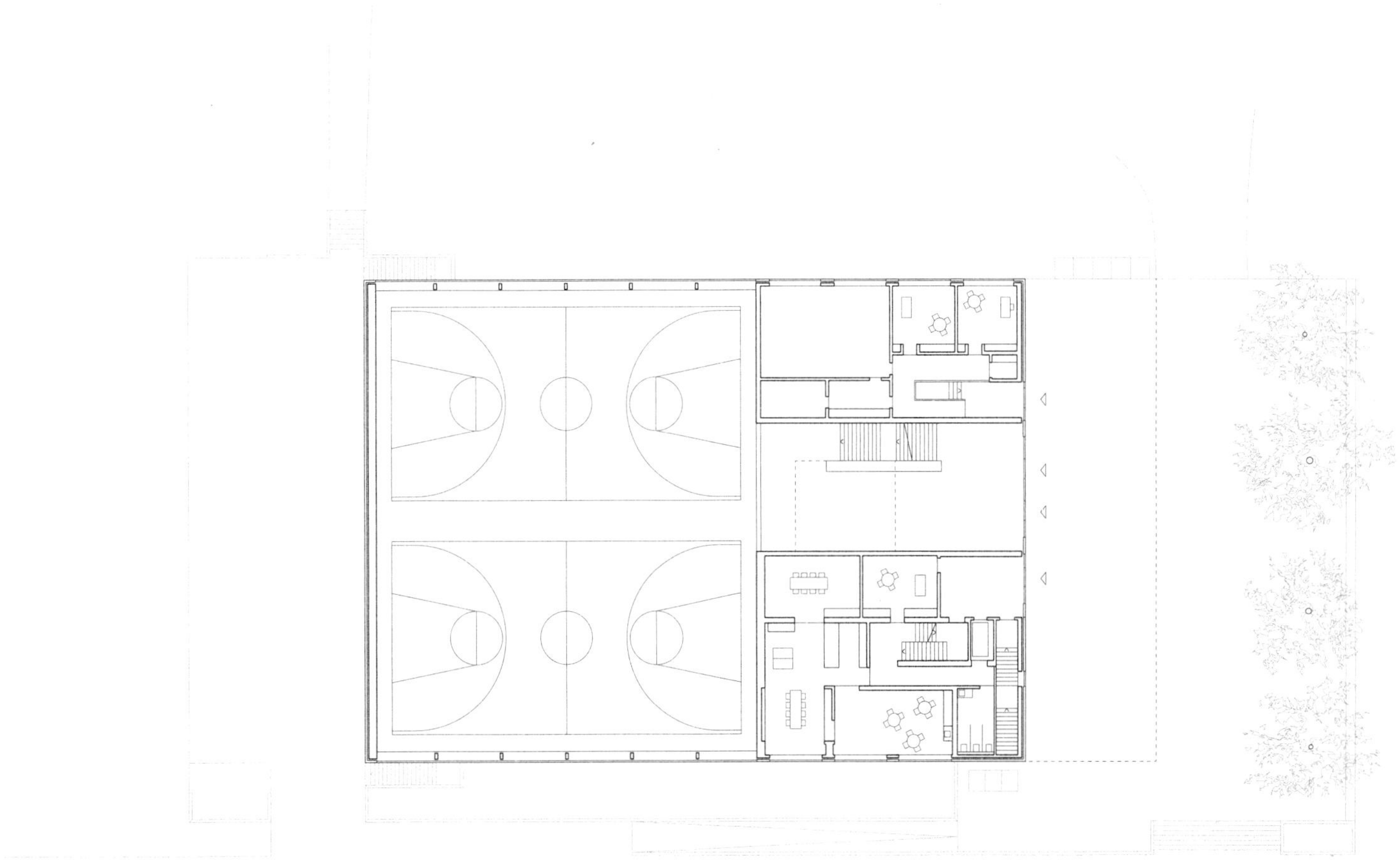

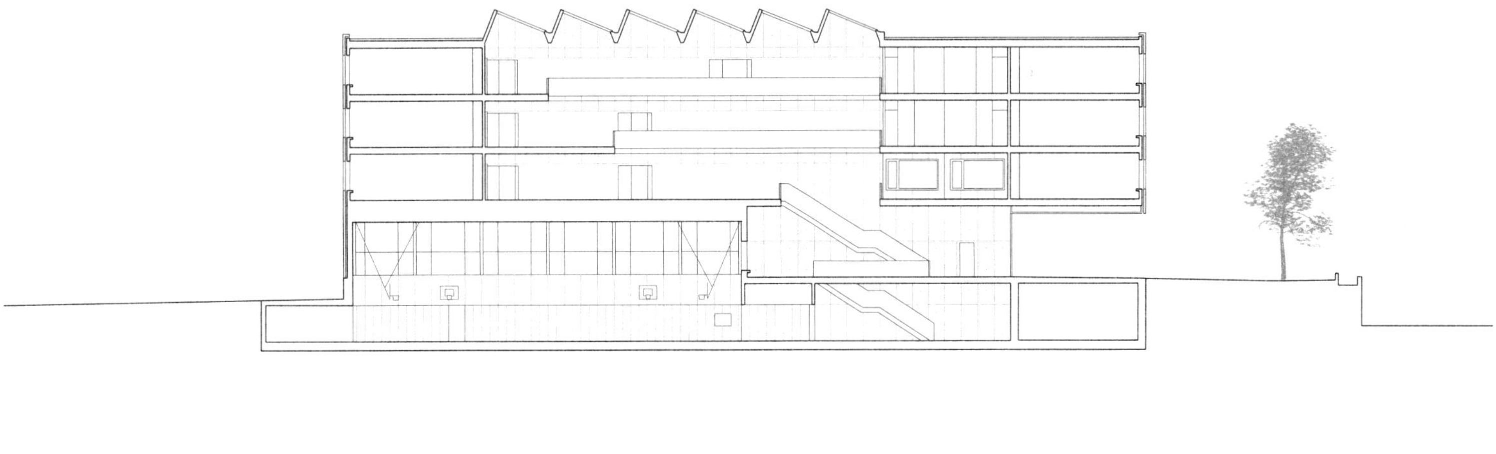

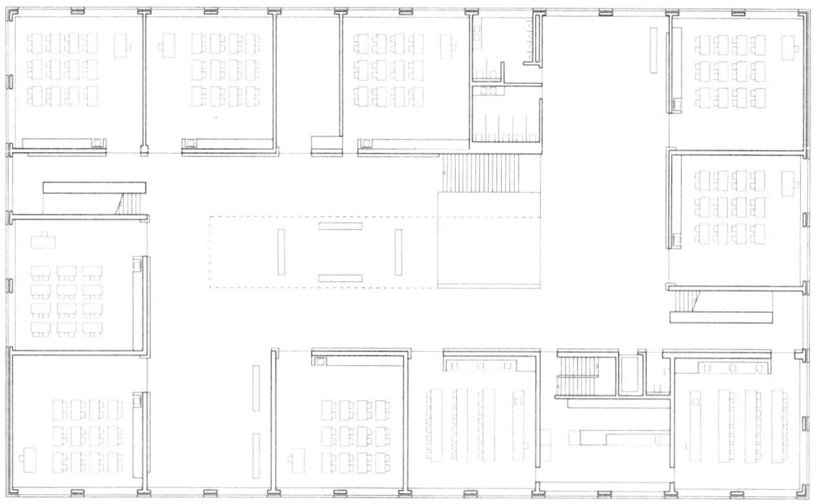

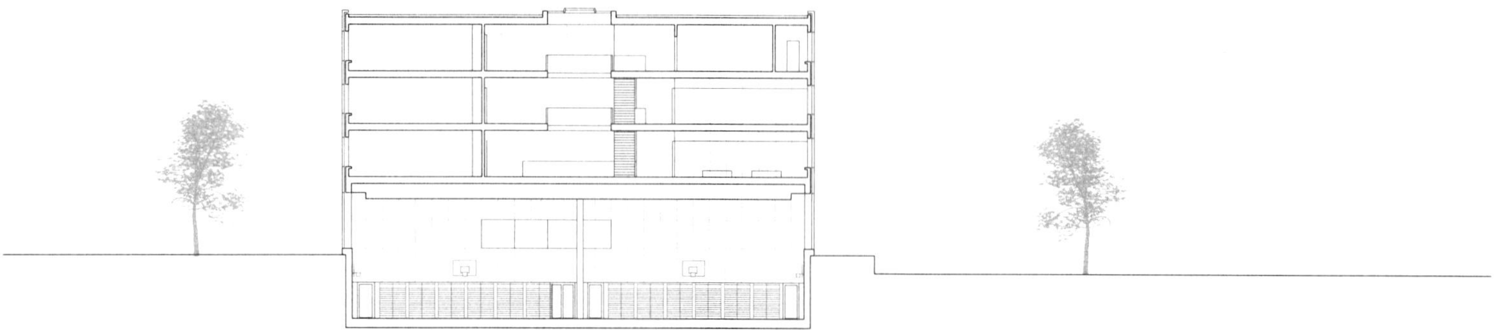

Doppelturnhalle, Borex-Crassier

Dual sports hall, Borex-Crassier

Ausführung / Construction: 2005–2007
Wettbewerb / Competition: 2004
Bauherr / Client: Gemeinden Borex und Crassier
Planung / Planning: Rodrigo del Canto
Bauleitung / Construction management: Regtec SA
Bauingenieur / Structural engineer: AIC ingénieurs-conseils SA
Auszeichnungen / Awards: Architekturpreis der französischen Schweiz, Nominierung / Nomination 2010; Velux Stiftung Award, Nominierung / Nomination 2010; IAKS Award, Goldmedaille 2009; Best architects 09, Goldmedaille 2009; Bois 21, Auszeichnung / Award 2006; Prix Lignum, Erwähnung / Mention 2009

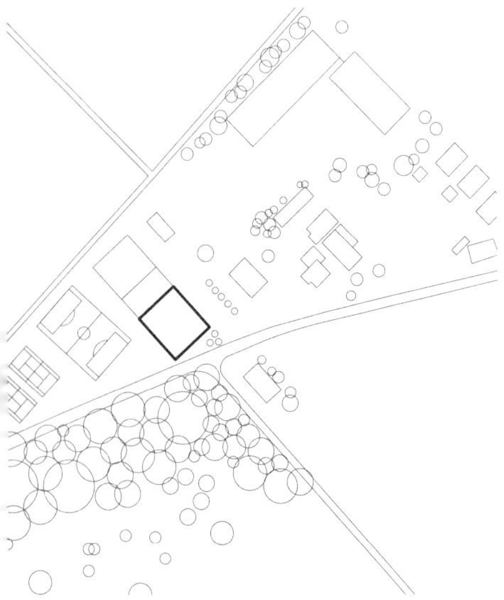

Die Erweiterung der Turnhalle verstärkt aufgrund ihrer Lage die westliche Grenze des Schulgeländes zur ländlichen Umgebung hin und nutzt die Verwerfung des Terrains, um die dominante Wirkung des Baukörpers auf den Standort abzuschwächen. Durch die «Fusion» mit dem bereits bestehenden Saal wurde ein einziger Eingang zu allen drei Sporthallen ermöglicht.
Der Zugang zum Foyer ragt in die Halle hinein. Die gezielte Blickführung in die Sporthalle, die durch fehlende vertikale Stützen bei einer Öffnung von 32 Meter Länge noch betont wird, ist dank eines 6 Meter hohen Fertiggitterträgers aus massivem Tannenholz möglich. Diese Gitterträger bestehen aus drei unterschiedlich dicken Holzschichten – einer vertikalen Schicht, die in der Innenverkleidung zum Vorschein kommt, und zwei diagonalen Schichten. Der Innenraum wird auf drei Seiten von diesem Spiel der Holzgitterträger bestimmt und erhält so eine besondere Atmosphäre, die durch die von der Aussenverkleidung aus Milchglas gefilterten Lichteffekte noch gesteigert wird. Der 1 Meter breite Zwischenraum reguliert das Innenraumklima und die Luftzufuhr von aussen durch mechanisch gesteuerte Ventile. Verstärkt durch das Lichtspiel strukturiert diese Konstruktion das Gelände und lässt die Kinder von ihren Sportstunden träumen.

The new dual sports hall's extension reinforces the western boundary school site with the countryside and takes advantage of the break in the terrain to reduce the impact of volume. This "fusion" approach allows the definition of a single entrance for the three sports halls. The view, which is accentuated by the absence of vertical uprights over a length of thirty-two metres, is showcased using a multi-trellis wooden beam that is six metres high and prefabricated in solid pine wood. Their composition in three layers of wood of different thicknesses – a vertical layer flush with the interior cladding to guarantee the beam's structural resistance, and two diagonal ones – reinforces the effect of transparency. The interior space of these halls is defined on three of its sides by this play of wooden beams and affords a particular atmosphere further enhanced by the play of light, which brings the beam's cane texture to life. These effects are accentuated by the exterior covering, in translucent glass, and the interstitial space, one metre thick, which regulates the inside temperature and the intake of outside air through mechanically controlled louvers. Reinforced by the play of light, this structure reorganises the site and allows defiant children to daydream during physical education classes.

0 5m

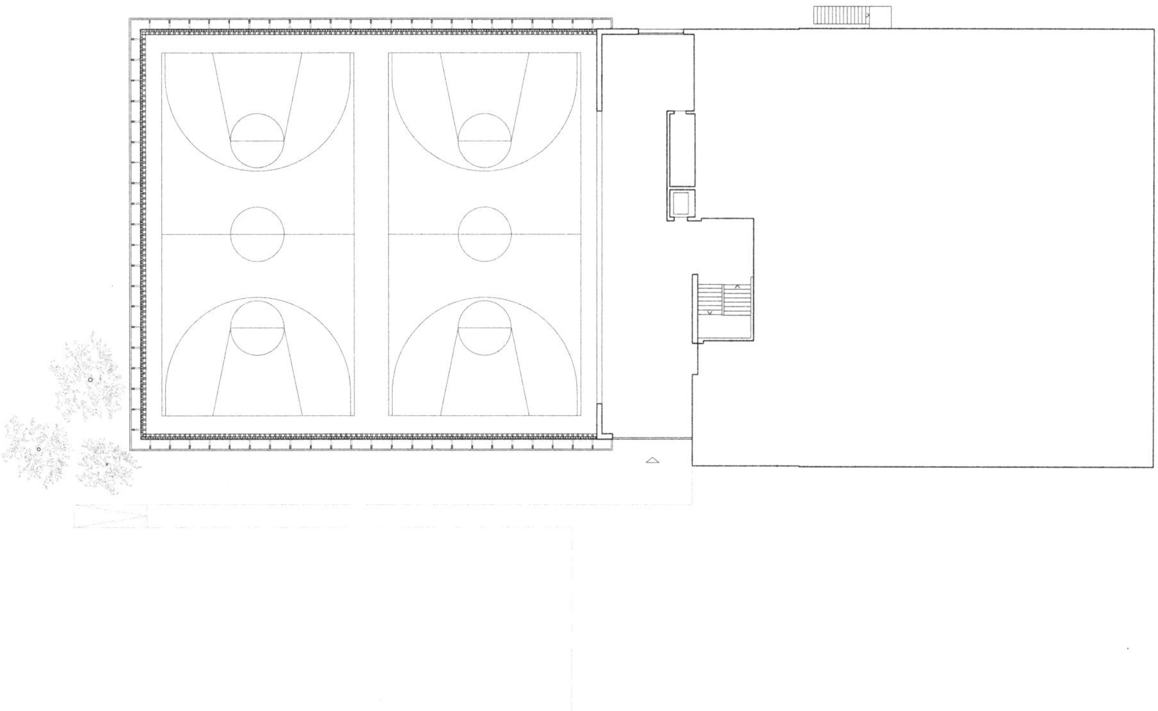

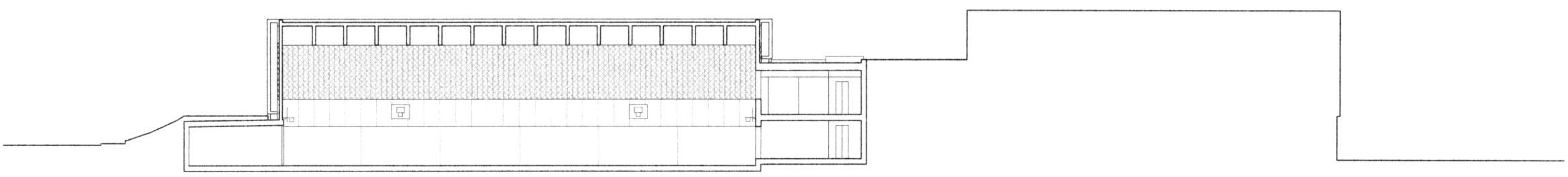

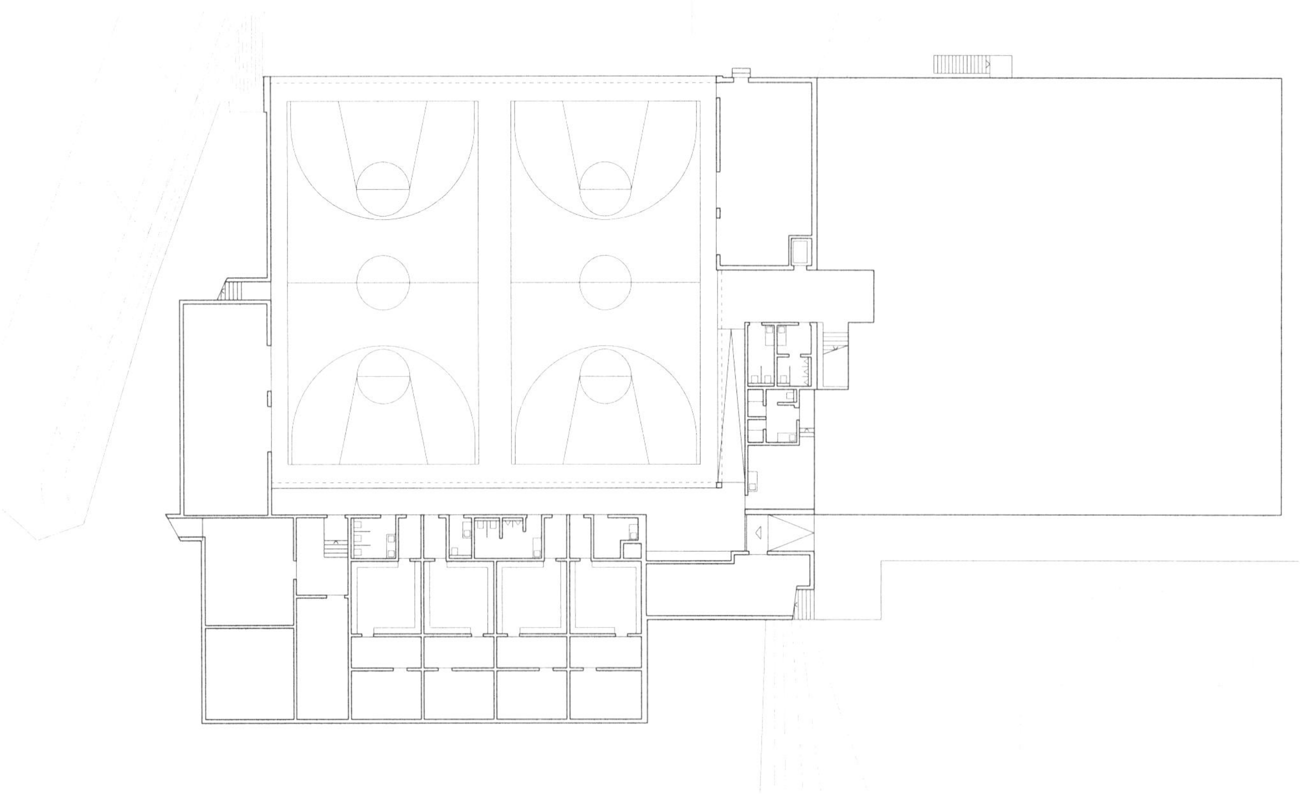

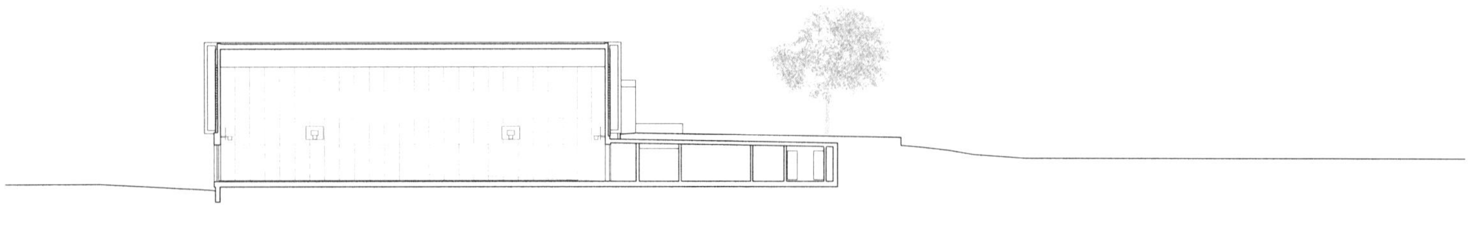

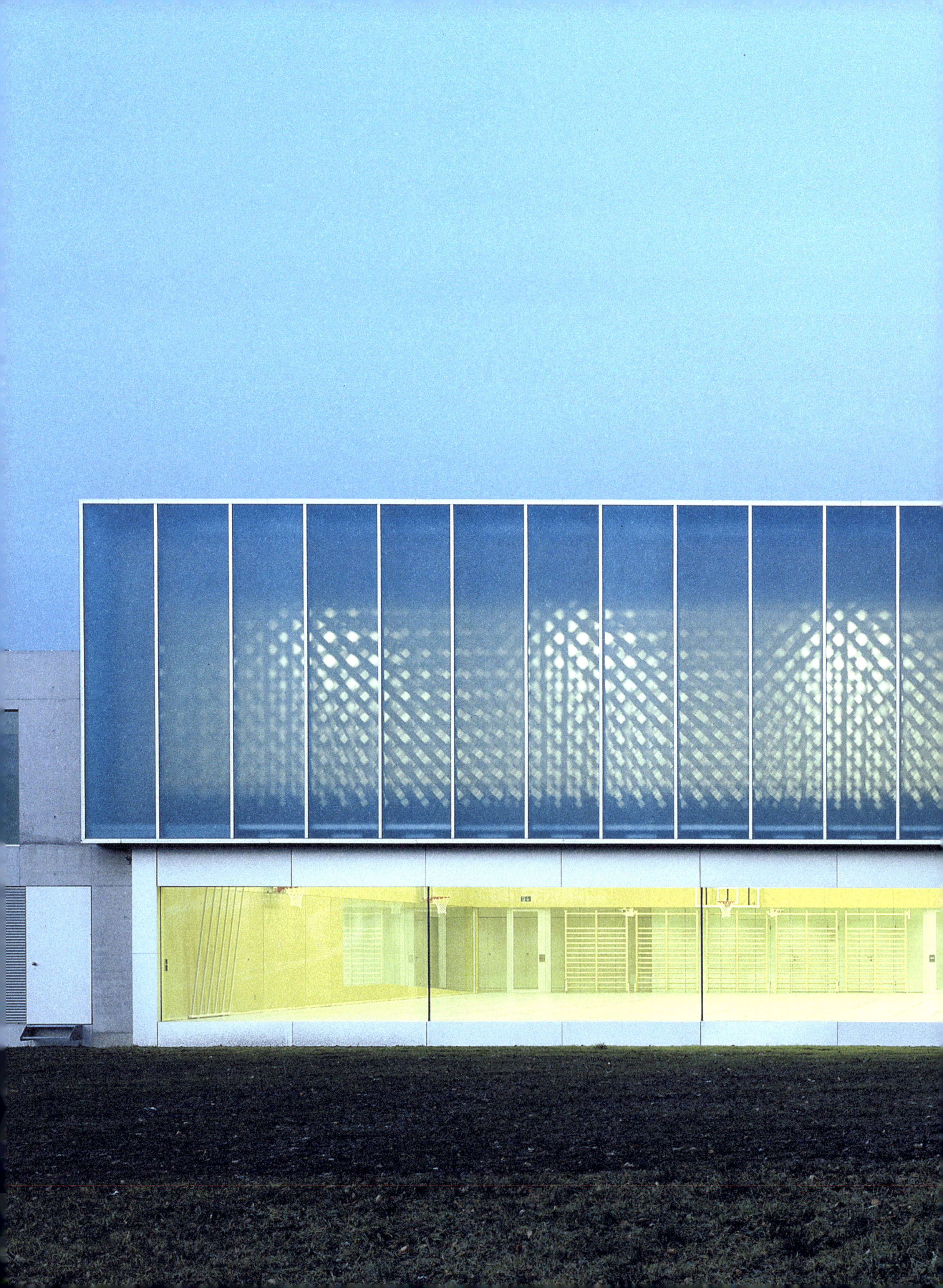

Ausführung / Construction: 2005–2008
Wettbewerb / Competition: 2004
Bauherr / Client: Gemeinde Cheseaux
In Zusammenarbeit mit / in collaboration with: Tekhné Management SA
Planung / Planning: Dominik Riser, Sara Gerber, Jean-Michaël Taillebois
Bauleitung / Construction management: Tekhné SA
Bauingenieur / Structural engineer: AIC ingénieurs conseils SA
Landschaftsarchitektur / Landscape architecture: L'atelier du Paysage Jean-Yves Le Baron Sàrl
Auszeichnungen / Awards: Fassadenaward Priforix, 1. Preis / 1st Prize; Velux Stiftung Award, Nominierung / Nomination 2010; Best architects 09, Auszeichnung / Award 2008

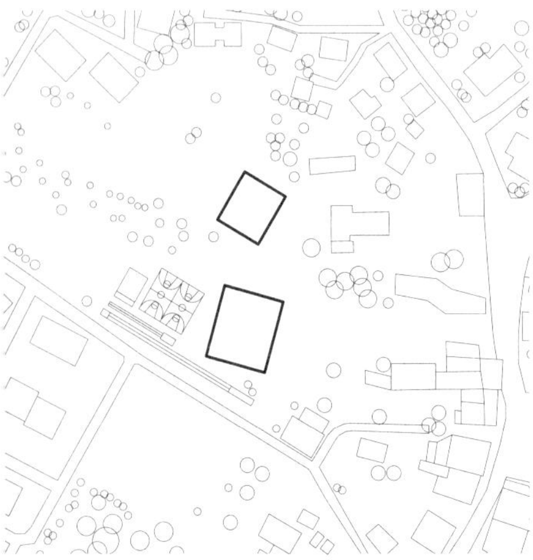

Schulzentrum Le Marais du Billet, Cheseaux-sur-Lausanne

Das Dorf Cheseaux befindet sich am nördlichen Stadtrand von Lausanne. Das alte Schulgebäude im Dorfzentrum, das leicht abseits der Hauptstrasse gelegen ist, wurde beibehalten, in ein kommunales Verwaltungszentrum umgewandelt und in die Anlage des neuen Schulzentrums integriert. Durch die Aufteilung der Sportsäle und Schulräume auf zwei verschiedene Gebäude konnte bei den Neubauten der Massstab der bestehenden Gebäude gewahrt werden. Zudem liessen sich so die Aussenräume genauer definieren. Geschützt vom Strassenverkehr, bildet der neue Schulhof gleichzeitig eine Art Dorfplatz aus, wo Veranstaltungen stattfinden können, die seinen öffentlichen Charakter verstärken. Die mit Metalllamellen verkleideten Fassaden der beiden Baukörper haben durch ihre verschieden grossen Fenster, deren Hauptöffnungen durch breite Rahmen betont werden, eine ähnliche spannungsvolle Wirkung. Durch die spiralartige Anordnung der Klassensäle bietet sich in den Schulräumen freie Sicht in alle vier Himmelsrichtungen. Zur Gewährleistung dieser Spiralwirkung innerhalb der typologischen Organisation besteht die statische Struktur des Schulgebäudes aus fahnenförmigen Betonsegeln, die sich orthogonal überlagern. Bei den halb in die Erde eingelassenen Sportsälen dient die dicke Platte über der Eingangshalle der Verteilung der Stützlast der Halle. Der Zuschauerbereich ist frei von tragenden Elementen und so bietet sich vom Eingang aus ein freier Blick quer durch die Halle.

Le Marais du Billet school, Cheseaux-sur-Lausanne

Built in the heart of the village, the old school building has been preserved and reallocated as a municipal administration building. At the same time, a new school complex was built on the same lot. The new school building is turned towards the countryside and sited along this lane. Due to its position adjacent to the school and its regular geometry, the new schoolyard has the look of a village square protected from automobile traffic. Covered with metal slats, the façades of the two volumes share a common expression whose dynamics derive from the varying size of their windows. To confirm the plasticity of the façades, the principal openings are underscored by large frames. The expression of the different layers that make up the façade is reinforced by the two-colour treatment of the metal elements. The multi-orientated positioning of the classrooms enables teachers and students alike to enjoy the view in all four directions. To guarantee this effect in the typological organisation, the static structure is ensured by concrete shear walls in the form of flags superimposed at right angles. With regard to the semi-underground gym halls, this system is reinforced by a grid of concrete columns spread over the periphery of the volume, thus allowing visitors to see to the other side of the building.

0 5m

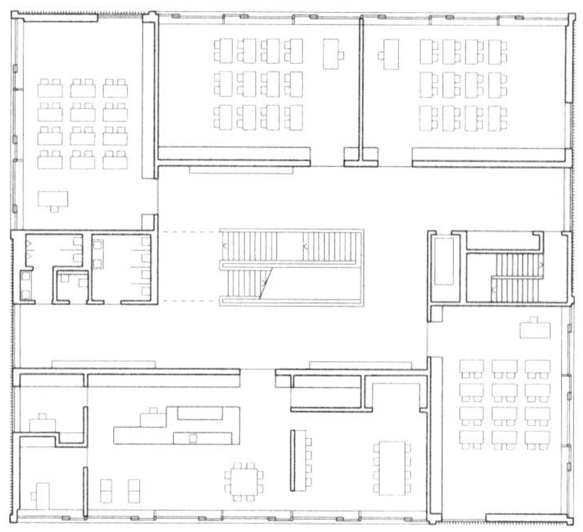

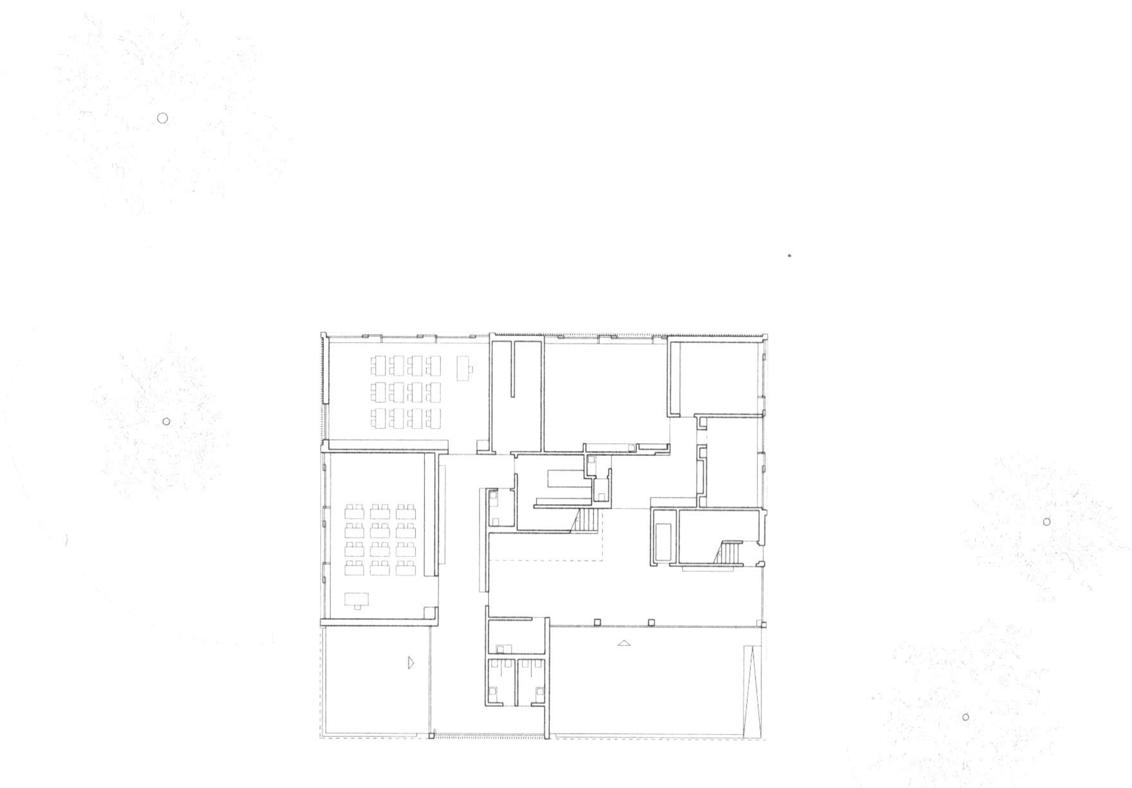

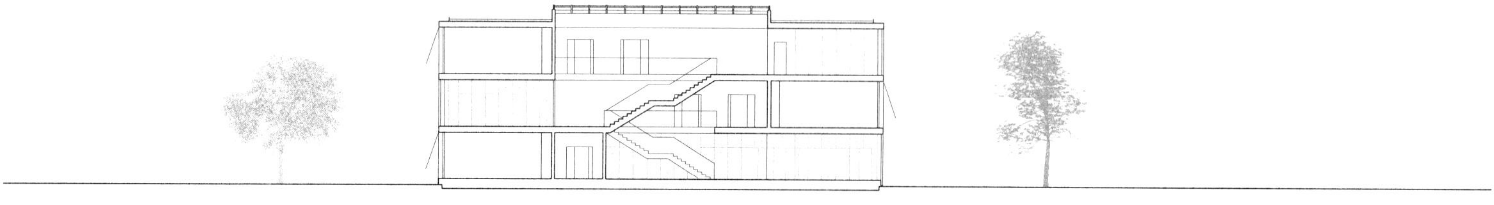

salle de sport

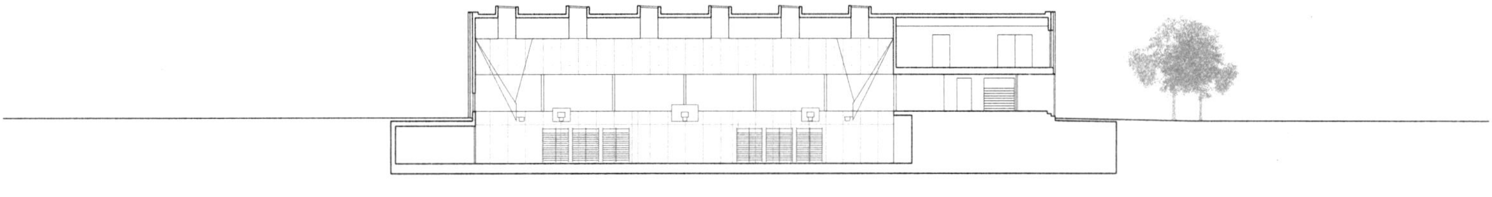

Umwandlung eines Hotels in ein Einfamilienhaus, Céligny

Conversion of a hotel to a family home, Céligny

Ausführung / Construction: 2006–2008
Entwurf / Draft: 2005
Bauherr / Client: privat / private
Planung / Planning: Hélène Zach, Barbara Quéloz
Bauleitung / Construction management: Regtec SA
Bauingenieur / Structural engineer: Ménassé Michel Titane
Landschaftsarchitektur / Landscape architecture: L'atelier du Paysage Jean-Yves Le Baron Sàrl

Das am Ufer des Genfersees in Céligny bei Lausanne gelegene ehemalige Hotel, das in ein Einfamilienhaus umgewandelt wurde, erfreut sich eines einzigartigen, privilegierten Rahmens: Obwohl seinem architektonischen Erbe keine besondere Bedeutung zukommt, wurde der bestehende Baukörper wegen seiner Nähe zum Seeufer erhalten. Durch die formale Klärung hat man die aufeinanderfolgenden Eingriffe am Baukörper vereinheitlicht und diesem so Homogenität verliehen. Das Gebäude, das von aussen isoliert und dann mit einem feinen mineralischen Putz verkleidet wurde, hat dadurch seine Aussenwirkung radikal verändert. Die dicke neue Hülle führte zu einer Neudefinition der Fenster. Indem man die alten gemauerten Terrassenbrüstungen durch Glaselemente ersetzt hat, hat der Verwandlungsprozess des Gebäudes seine Vollendung erfahren. Im Inneren erlaubte der Erhalt der Treppe und ihrer Trennwand, die typisch für die Nord-Süd-Typologie des Gebäudes ist, einen Akzent auf das funktionale Erbe des alten Hotels – Wohnzimmer und Schlafzimmer im Süden, Küche und Büro im Norden – und auf die Kontraste zu setzen, welche die freie Sicht auf das aussergewöhnliche Panorama bietet. Der Aussenraum ist zum See hin in Terrassen organisiert, was den Baukörper zusätzlich in seinem natürlichen Umfeld verwurzelt.

Located on the shores of Lake Geneva, the former hotel now converted into a family home benefits from a unique environment. Even though its architectural value is of no particular interest, the existing structure has been preserved for the existing volume near the water and the diversity of its views. Tidying the existing structure helped redefine its relationship with the site and integrate the successive construction phases in order to allow the old and new to blend and merge as a homogeneous, coherent whole. Packed with a layer of peripheral insulation to improve its energy efficiency, covered with a fine mineral cladding, the structure has radically changed its expression. The extra thickness of the new exterior has caused the windows to be recessed further and to frame the views by exaggerating the language of "façades with holes". The replacement of the old masonry barriers on the terraces by glass elements completes the transformation process of the building. Inside, the preservation of the staircase and supporting wall, typical of the home's north-south typology, has made it possible to play on the functional legacy of the former hotel – living room and bedrooms to the south, kitchen and office to the north – and on the contrasts offered by exceptional panoramic views.

0 5m

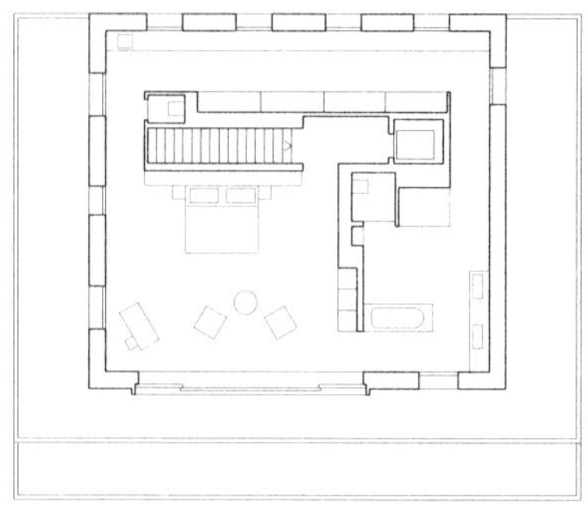

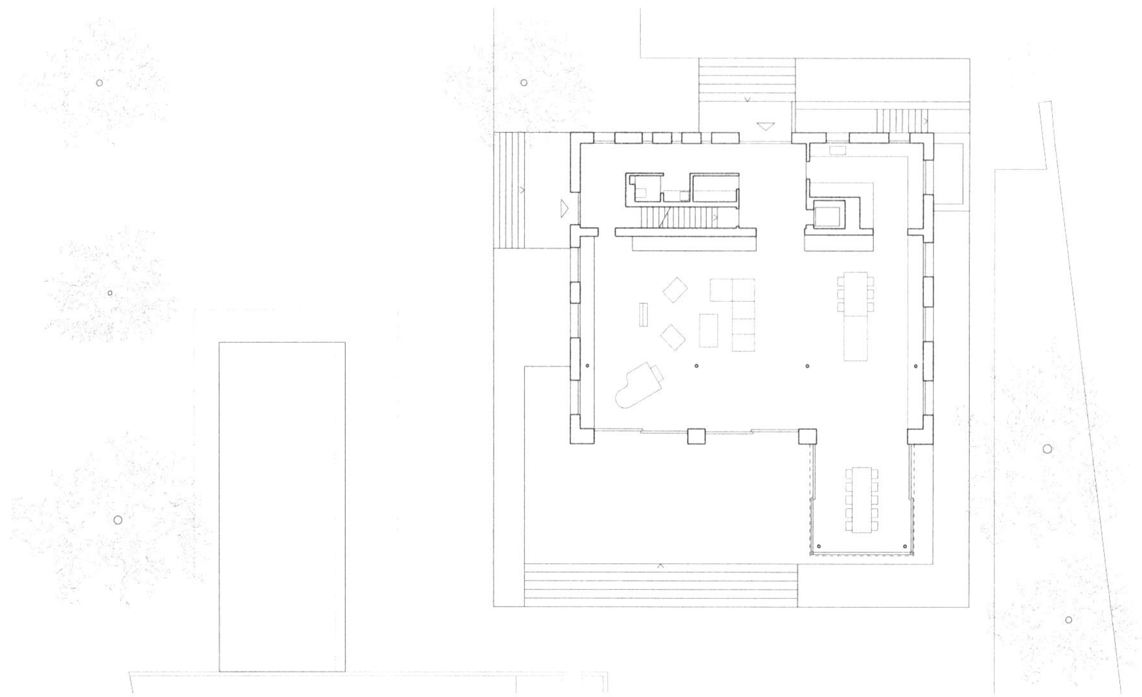

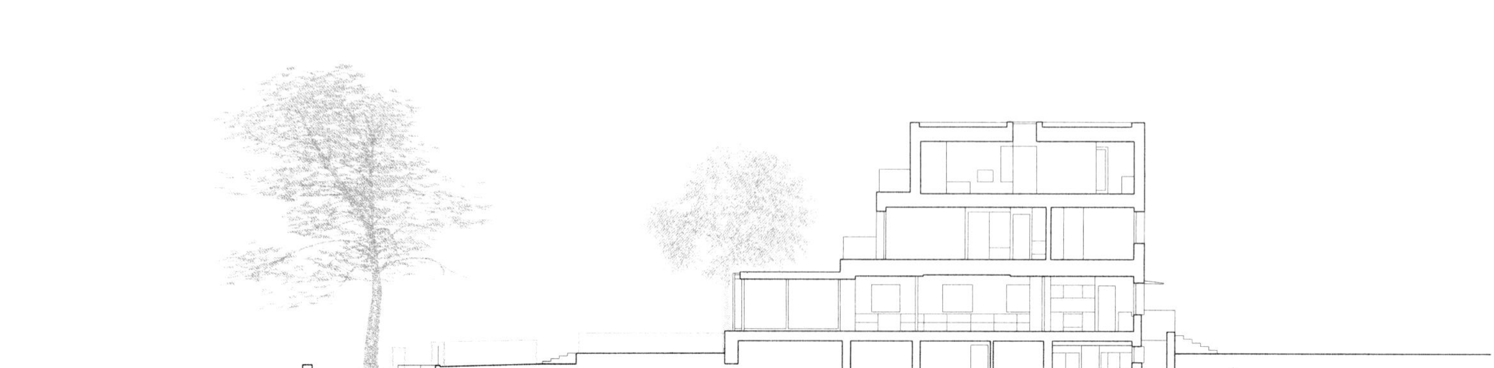

Sekundarschule und Mehrzwecksporthalle Collège du Léman, Apples

Multipurpose sports hall and Collège du Léman secondary school, Apples

Ausführung / Construction: 2007–2009
Wettbewerb / Competition: 2005
Bauherr / Client: Gemeindeverband Apples, Bière und Umgebung
Planung / Planning: Dominik Riser, Sara Gerber, Jean-Michaël Taillebois
Bauleitung / Construction management: Tekhné SA
Bauingenieur / Structural engineer: AIC ingénieurs conseils SA
Auszeichnungen / Awards: Velux Stiftung Award, Nominierung / Nomination 2010; Best architects 11, Auszeichnung / Award 2010

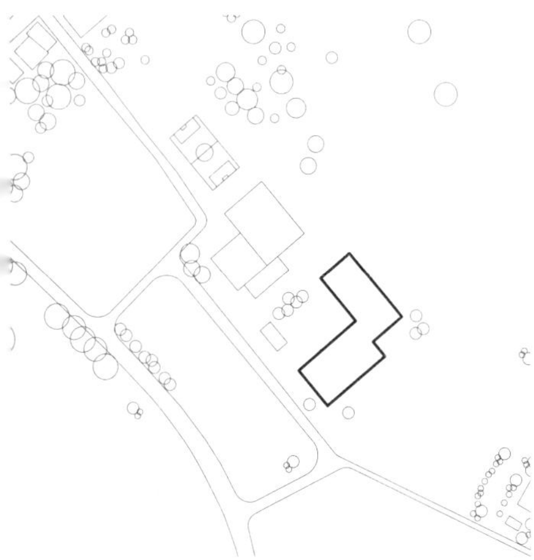

Der Erweiterungsbau der Sekundarschule in Apples befindet sich auf einer Geländeterrasse hoch über dem Genfersee. Er liegt dem bereits bestehenden Schulgebäude gegenüber und bildet mit diesem zusammen den Schulhof aus. Die Erweiterung besteht aus zwei Teilen, die in L-Form angeordnet sind, wobei im einen Teil die Klassenräume und im anderen die Mehrzwecksporthalle Platz finden.
Mit der Form seines Daches tritt der neue Baukörper in einen Dialog mit dem bestehenden Gebäude und stellt einen starken Bezug zu seiner Umgebung her. Der Erweiterungsbau mit einer Kupferverkleidung und grossen Fensteröffnungen hebt sich vom bestehenden Bau durch die abstrakte Gestaltung seines Volumens ab, ohne jedoch seine Zugehörigkeit zu diesem zu leugnen. Vom Haupteingang aufseiten des Schulhofs gelangt man zunächst in einen Raum, der sich über die gesamte Tiefe des Gebäudes erstreckt und sowohl als Foyer der Mehrzwecksporthalle als auch als Speisesaal dient. Im Inneren profitieren die Unterrichtsräume und die Flure vom räumlichen Potenzial der Dachseiten sowie der grosszügigen Tageslichtzufuhr, was die Reflexionswirkung im Zusammenspiel mit den weissen Betonwänden noch verstärkt. Genau wie beim Sitzungssaal, der mit seinem grossen Fenster zum Ort hin ausgerichtet ist, sorgen die Materialien und die grossformatigen Öffnungen für eine schützende und zugleich nach aussen hin offene Atmosphäre.

The Collège du Léman, an extension of the Collège du Plateau, is built on a shelf on otherwise sloped terrain overlooking Lake Geneva, faces the existing building and defines an outdoor space used as a playground. The new building comprises two parts aligned in the form of an "L", one to accommodate classrooms, the other a multipurpose hall. Through the shape of its roof, the new building engages in a dialogue with the existing building and its environment. The design is marked by the alternating use of lateral façades crowned by high roofs and pitched façades reminiscent of the typical features of large Vaud farmhouses. Designed with copper cladding and wide windows, the extension stands out from the existing building by the abstract use of materials without denying its allegiance to the new complex. Inside, the classrooms and corridors benefit from the spatial potential of the inclining roof as well as from the generous supply of natural daylight further amplified as a result of reflection on the white concrete walls. Like the town council chambers located under the eaves of the second floor and orientated by a large window in the direction of the village, the materials and large-sized windows convey an atmosphere of protection and opening to the outside world.

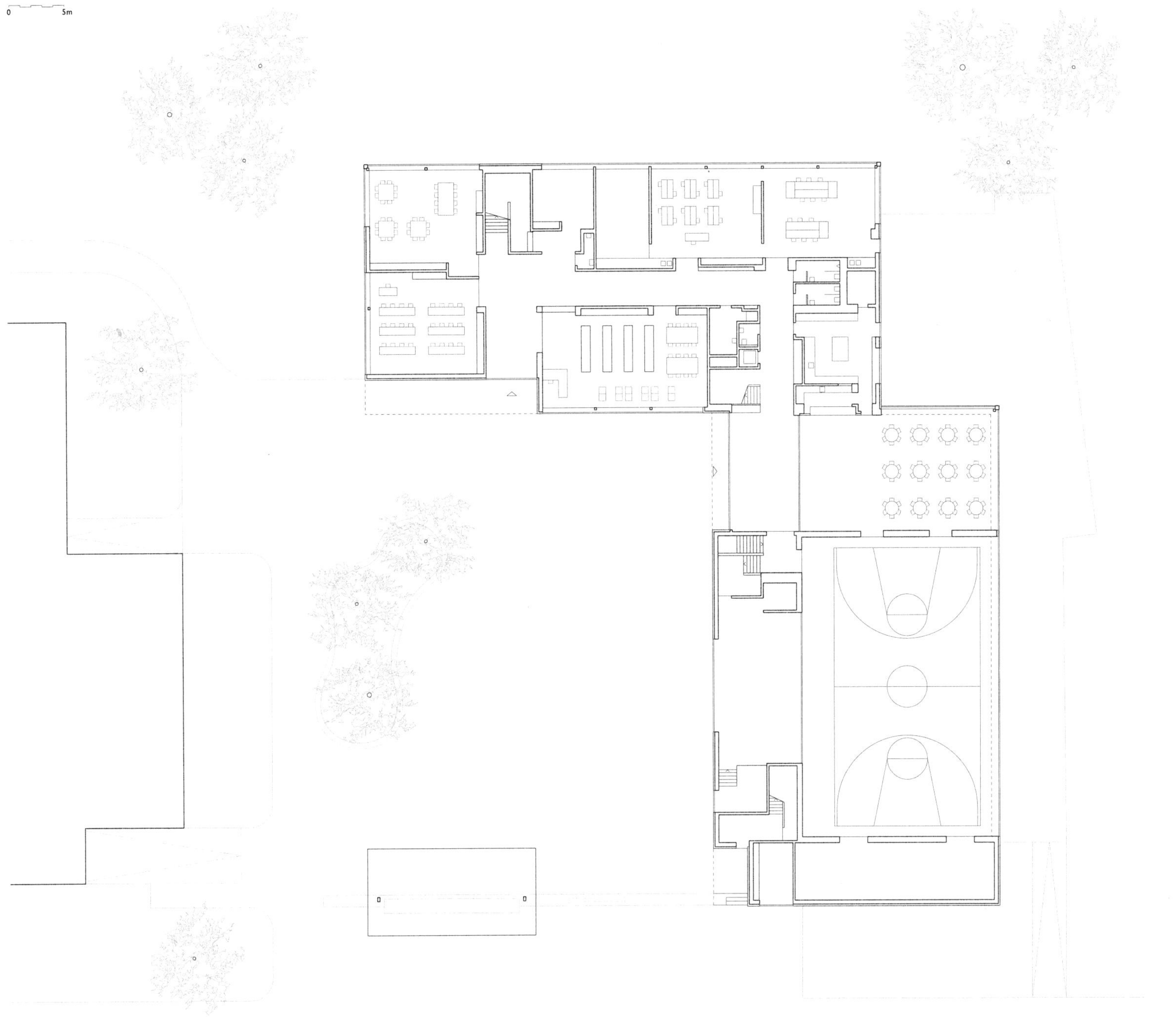
0
5m

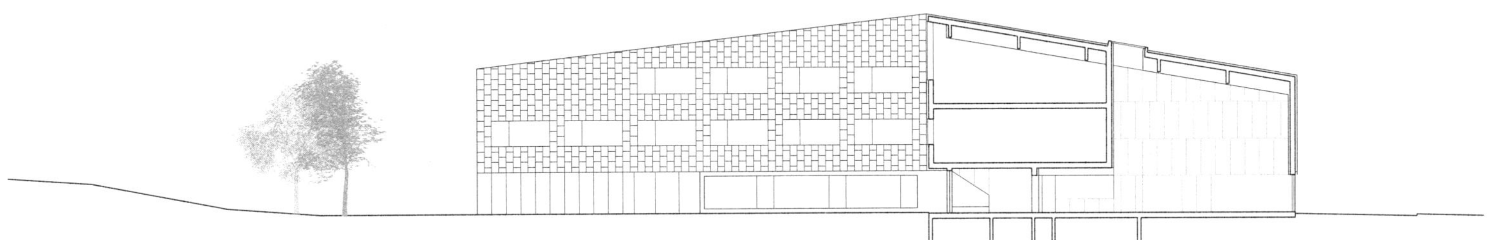

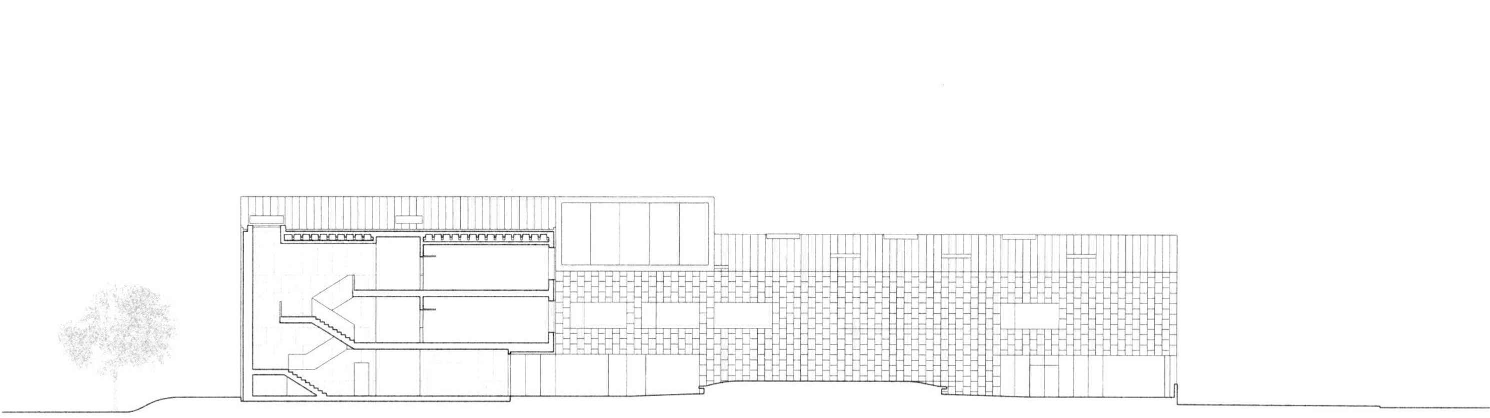

Sekundarschule und Schule für Berufsvorbereitung, Saint-Maurice

Educational and occupational training establishment, Saint-Maurice

Ausführung / Construction: 2011–2014
Wettbewerb / Competition: 2009
Bauherr / Client: Regionalverband der Orientierungsschulen von Saint-Maurice, Kanton Wallis
Planung / Planning: Thomas Wegener, Jessica Giuliani, Alexandre Gobbini, Jean-Michaël Taillebois, Hugo Dias
Bauleitung / Construction management: Regtec SA
Bauingenieur / Structural engineer: Kurmann & Cretton SA
Auszeichnung / Award: Best architects 16, Auszeichnung / Award 2015

Das neue Schulgebäude befindet sich strategisch günstig am Ortseingang von Saint-Maurice, wodurch der Stadt ein neues urbanes Gesicht verliehen wird. Der Neubau demonstriert deutlich seine Zugehörigkeit zur Stadt und zu der angrenzenden Schul- und Sportanlage. Der Hof, der sich nach Süden und zu der Bergkette der Dents du Midi hin öffnet, dient der gesamten Schulanlage und bezieht auch die alten Sportanlagen mit ein, die in den 1980er-Jahren errichtet wurden. Die Neubauten, die mit dem Sportkomplex verbunden sind, beherbergen auf der Ebene des Hofes öffentliche Räumlichkeiten wie den Theatersaal, den überdachten Festplatz, die Doppelsporthalle und die Judohalle. Dies unterstreicht die öffentliche Nutzung des Hofes. In den oberen Stockwerken befinden sich die Klassenräume, wobei eine klare Trennung zwischen den beiden Schulen erfolgt, die jeweils über einen separaten Eingang erschlossen werden. Die Gestaltung der Baukörper, die mit den Höhenunterschieden spielen, lassen die Anlage und auch den Hof sehr durchlässig erscheinen. Sie sind sowohl von der Strasse aus wie vom Bahnhof, vom Schulgelände oder den Parkplätzen aus zugänglich.

The new school building is located at the proposed strategic site at the entrance to the city and has the advantage of providing a new urban front to the Avenue des Terraux. It clearly shows it belongs to the institutional, educational and sports grounds owing to the distance from the street and to the fact that the courtyard opens to the south and the Dents-du-Midi. Its U-shape takes all the surrounding school area into account and connects the several playgrounds to open green spaces and sports facilities. The new construction, which is linked to the sports complex, offers wide access to the services installed at the court level, such as the theatre/assembly hall, the cover for the Place des Fêtes, the double gym room and the judo hall. These activities denote the public status of the schoolyard. The upper floors are classrooms with a clear division of the two schools, each accessible through a separate entrance. The volume configuration that takes full advantage of the different levels makes the site and the courtyard easily accessible from the street, the station, the school area or the car parks. The project adds to the existing sports complex as well as bringing spatial order to the current area.

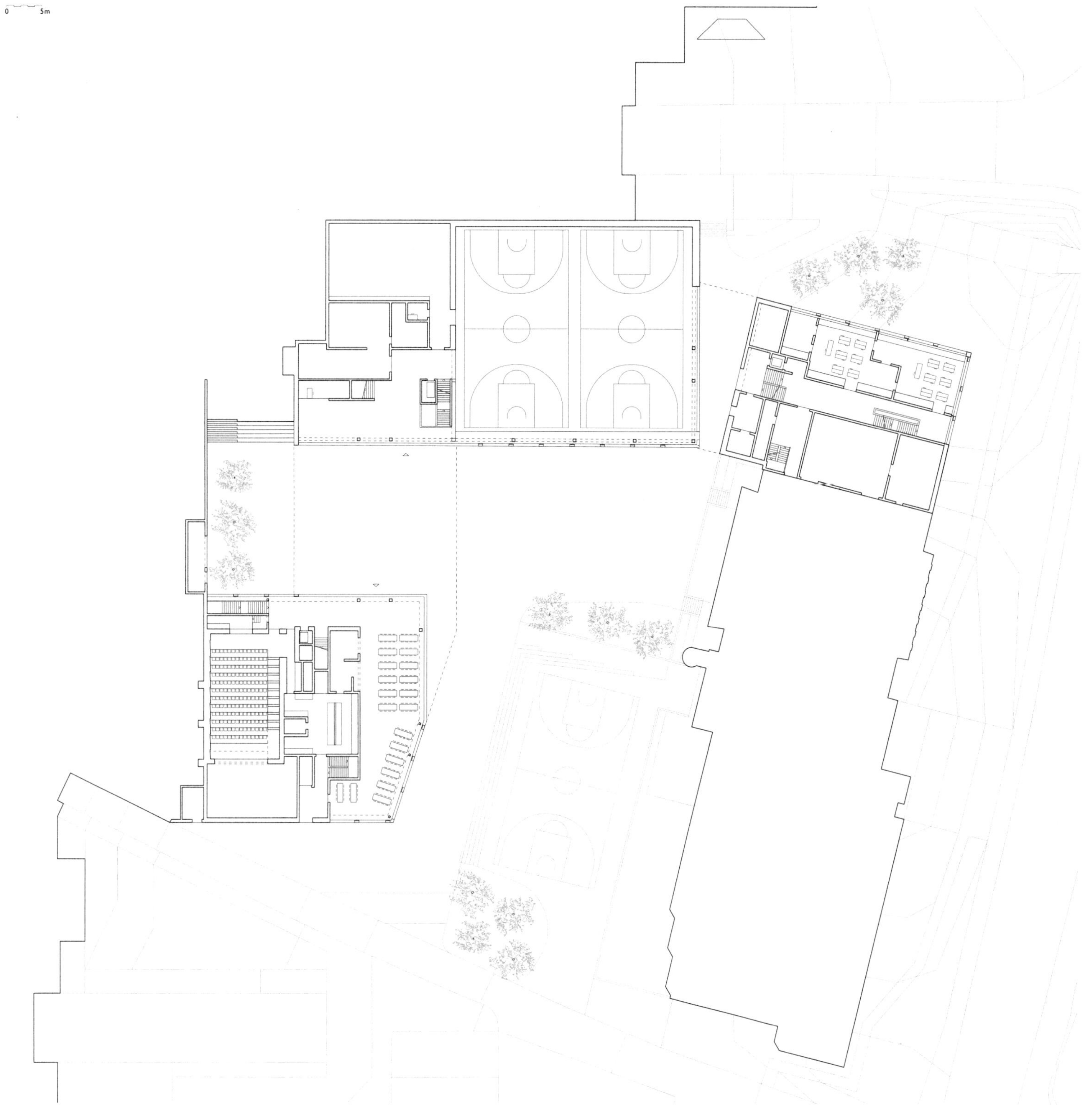
0
5m

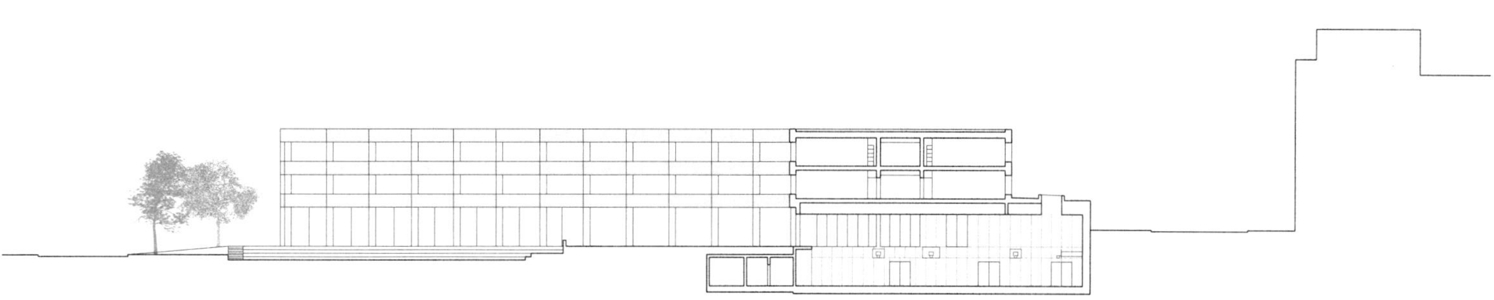

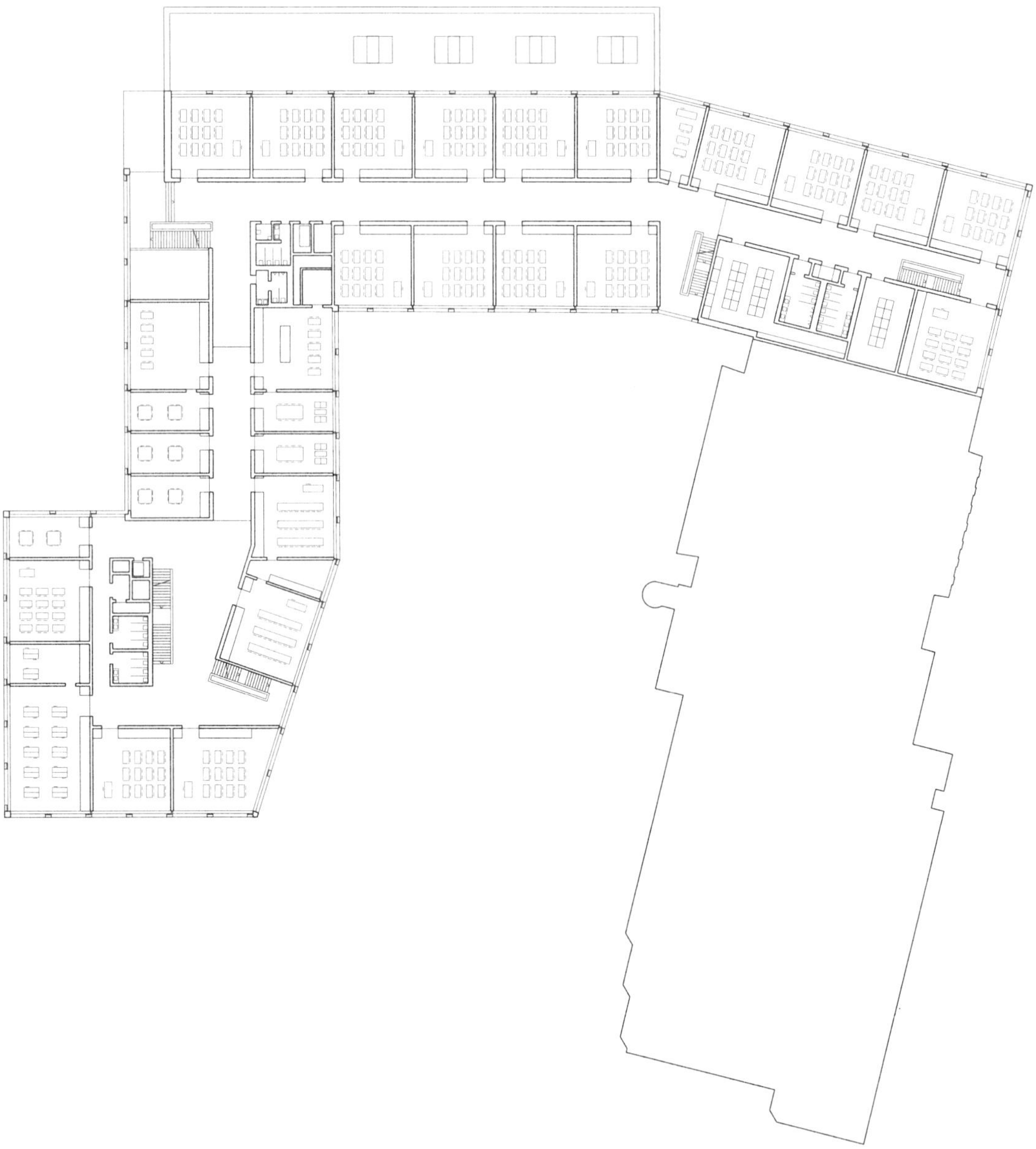

Kantonales Sportzentrum, Leysin

Vaudois sports building, Leysin

Ausführung / Construction: 2012–2016
Wettbewerb / Competition: 2011
Bauherr / Client: Fondation Fonds du Sport Vaudois
Planung / Planning:
David Martínez Grande, Vincent Morel, Thomas Wegener
Bauleitung / Construction management:
Thomas Hue, David Martínez Grande, Vincent Morel
Bauingenieur / Structural engineer:
Kurmann & Cretton SA

Der am Ortseingang des Gebirgsdorfes Leysin gelegene Baukomplex besteht aus einer Kombination kleiner Baukörper in Anlehnung an die dicht aneinandergereihten Chalets, welche die für diese Region typischen Weiler und Dörfer bilden. Ausserdem stellt er eine Reminiszenz an die Grösse der charakteristischen ortsansässigen Hotelbetriebe dar. Das Waadtländische Sportzentrum steht auf einer leicht erhöhten natürlichen Geländeterrasse, die sich so von einem Parkplatz absetzt, der den Besuchern des Ortes zur Verfügung steht. Durch diese Erhöhung des Gebäudes bietet sich ein besonders guter Blick auf die Berge, ausserdem konnte so ein Haupteingang auf einer unteren Ebene, Berghütten ähnlich, angelegt werden. Die lang gezogene Fensteröffnung und die daran anschliessende Terrasse veranschaulichen den gemeinschaftlichen Charakter dieser Anlage und sorgen für einen Panoramablick von Speisesaal und Aufenthaltsraum aus. Jedes Zimmer, jeweils für vier Personen ausgelegt, verfügt über eine Dusche und eine separate Sanitäranlage sowie zwei Etagenbetten. Da das Baugrundstück besonders klein ist, wurde die Sporthalle vollständig unter die Erde verlegt und zeigt sich an der Erdoberfläche nur durch ein Oberlicht, durch das bis zum hinteren Teil der Halle reichlich Tageslicht eindringen kann. Dieses Oberlicht bildet ausserdem mit seiner starken Präsenz eine klare Grenze und einen Sichtschutz für den für die Skifahrer bestimmten Empfangsplatz.

The project is expressed as a collection of small volumes and refers to the densely built cottages forming hamlets and traditional villages. However, it provides a free interpretation by reminding visitors of the characteristic hotel buildings of Leysin: a large house consisting of several small volumes. The project is built on the natural flat area at the top of the building site. This elevation of the building provides an amazing visual relationship with the mountains and the background. This separation also allows the construction of an entrance, generated by the volume and its ground floor, together with all functional amenities. The large window length and the adjoining terrace suggest the community nature of this construction. They highlight the panoramic views from the dining and living hall. Each room has a shower and a separate bathroom, as well as two bunk beds to create a space for relaxation. The bunk beds offer a "high Alpine" style and creates ample space. The traditional and innovative choice of linking these small, simple, yet geometrically and rigorously built volumes emphasizes the place and the nature of the services on offer.

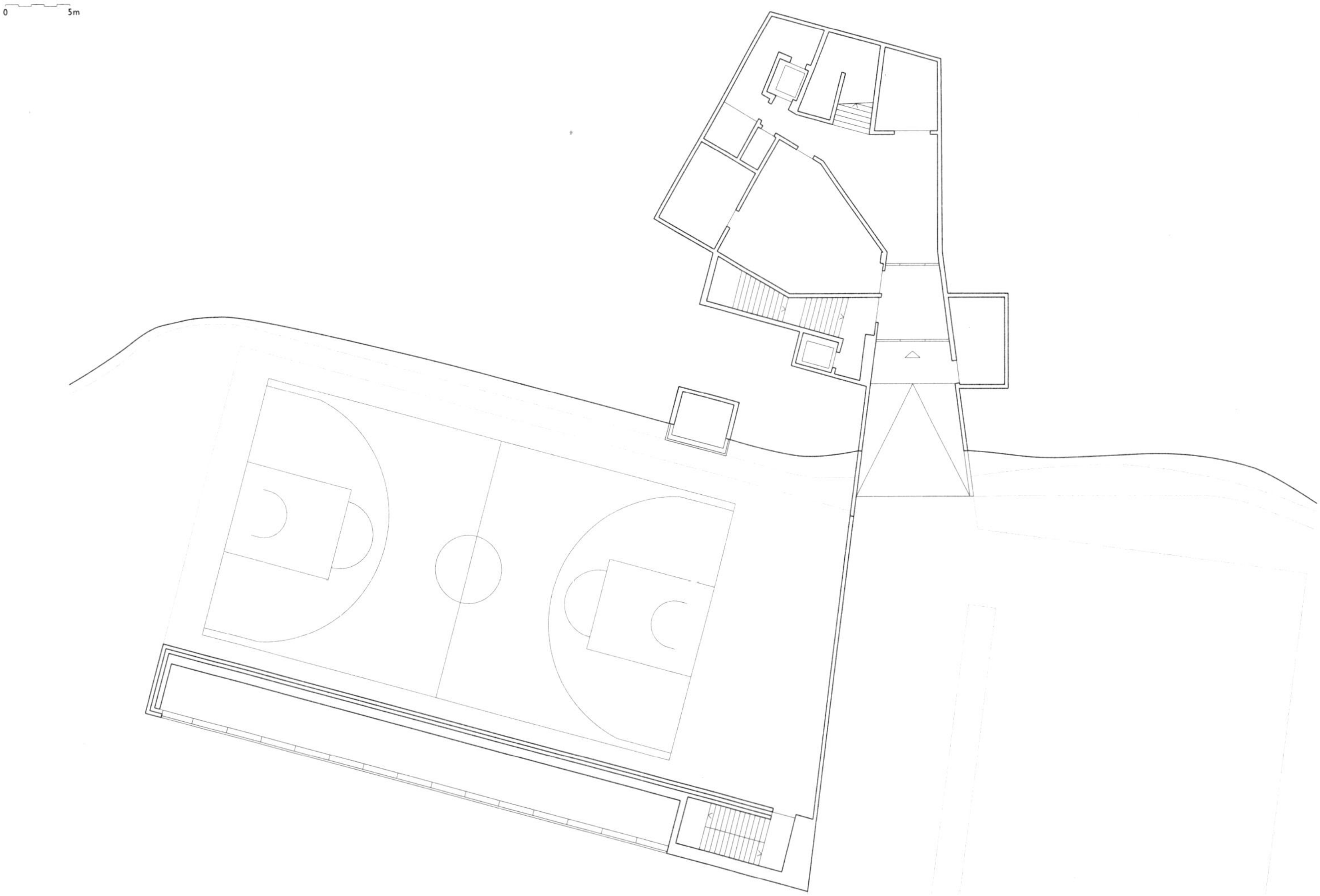
0
5m

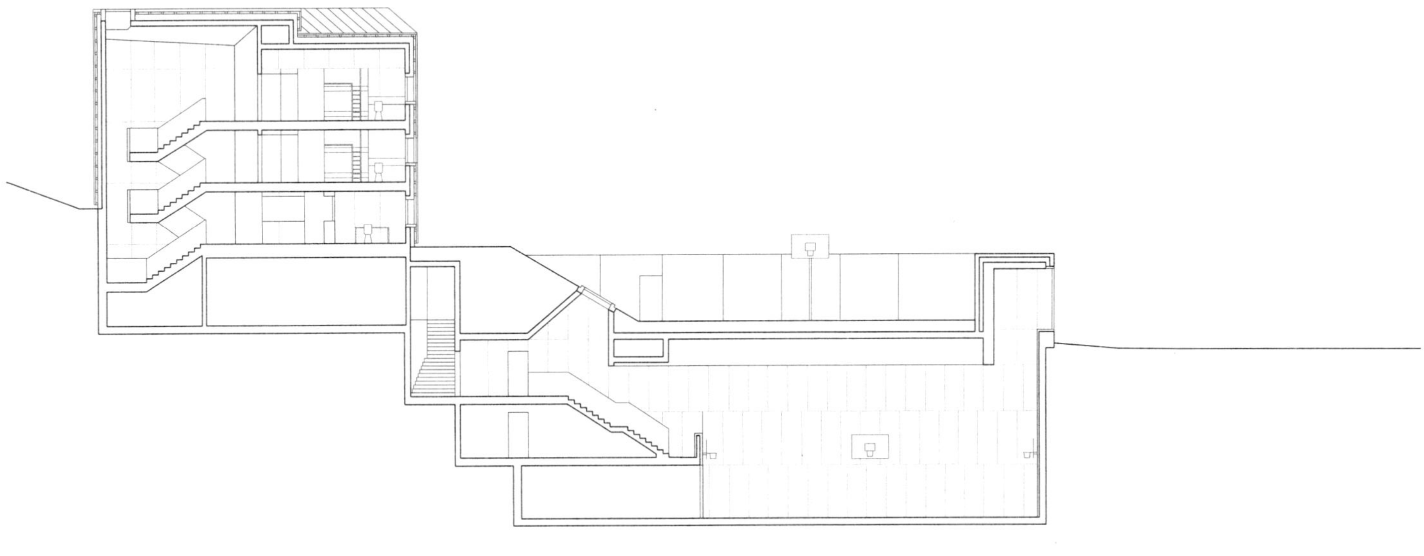

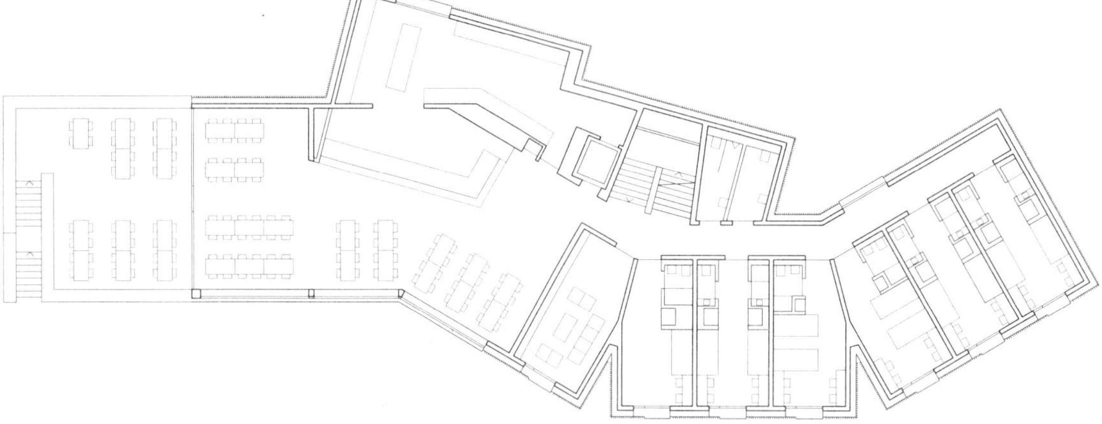

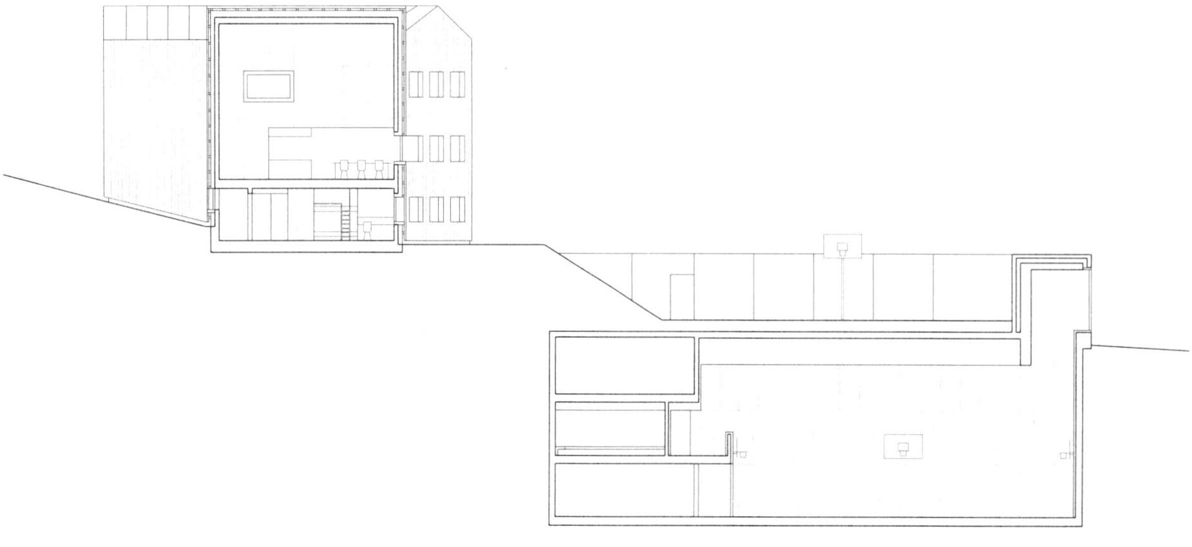

Ausführung / Construction:
2013–2015 (1. Bauabschnitt / 1st phase),
2015–2017 (2. Bauabschnitt / 2nd phase)
Wettbewerb / Competition: 2012
Bauherr / Client: Fondation de Vernand
Planung / Planning: Gabriela Bratu, Federico Almárcegui Contín
Bauleitung / Construction management: Thomas Hue, Charley Clavel, François Reynaud
Bauingenieur / Structural engineer: RLJ Ingénieurs conseils SA

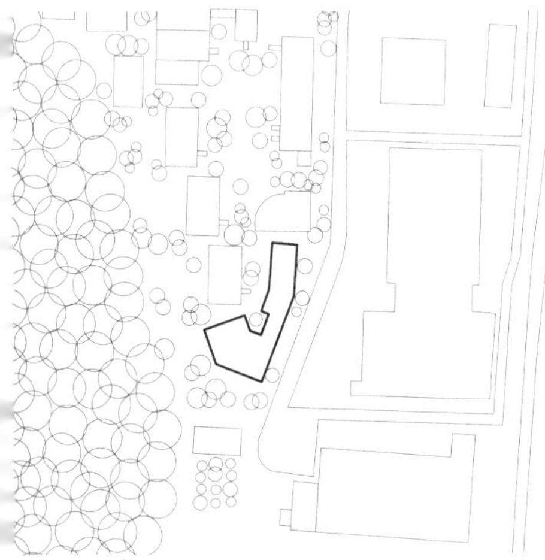

Seniorenwohnheim Fondation de Vernand, Cheseaux-sur-Lausanne

An der Grenze zum Gewerbegebiet im Westen der Stadt Lausanne gelegen, besteht die Fondation de Vernand aus mehreren Gebäuden, die rund um einen gemeinschaftlichen Park angeordnet sind. Der Entwurf sieht vor, den Bau am Rand des Geländes weiterzuführen, damit der bestehende Park als Bezugsort für die Bewohner aufgewertet wird. Diese Position erlaubt, die Südgrenze des Parks genauer zu definieren und dabei einen Eingangshof in Verbindung mit einem neuen Zugang zu der Anlage zu schaffen. Der Neubau beherbergt Unterkünfte für ältere Menschen sowie ein Tages- und Pflegezentrum. Ein Brückentrakt verbindet diese beiden Bereiche miteinander. Die kompakte Anlage garantiert den nötigen Raum für die zukünftigen Wohneinheiten, die für eine dritte Bauphase vorgesehen sind und an der Stelle des alten Gebäudes entstehen sollen. Grosszügige Verbindungen zur umgebenden Landschaft sind für alle Räumlichkeiten vorgesehen. Eine Art Filtersystem aus Cortenstahl schützt die Bewohner vor Blicken von aussen sowie vor der Sonne und sorgt zugleich für ein Gefühl der Freiheit und Sicherheit im Inneren.

Senior citizens' housing – Vernand Foundation, Cheseaux-sur-Lausanne

Located at the edge of the industrial zone in the west of Lausanne, the Vernand Foundation consists of several buildings staged around a community garden. The aim of the project is to continue developing the plot perimeter to show the existing garden, a meeting point for residents, in its best light. The position defines the southern limits of the garden by creating a courtyard connected to a new entrance. The new construction is home to a housing programme for senior citizens as well as a day centre and health centre. An inhabited walkway connects these two separate programmes. The compact nature of the project guarantees the necessary space for future housing units planned as part of the third phase, which will replace the former house. Diverse relationships with the surrounding landscape are planned for all the areas of the project; a weathering steel filter mechanism protects the occupants from the sun and from prying eyes, while ensuring a feeling of freedom and safety inside.

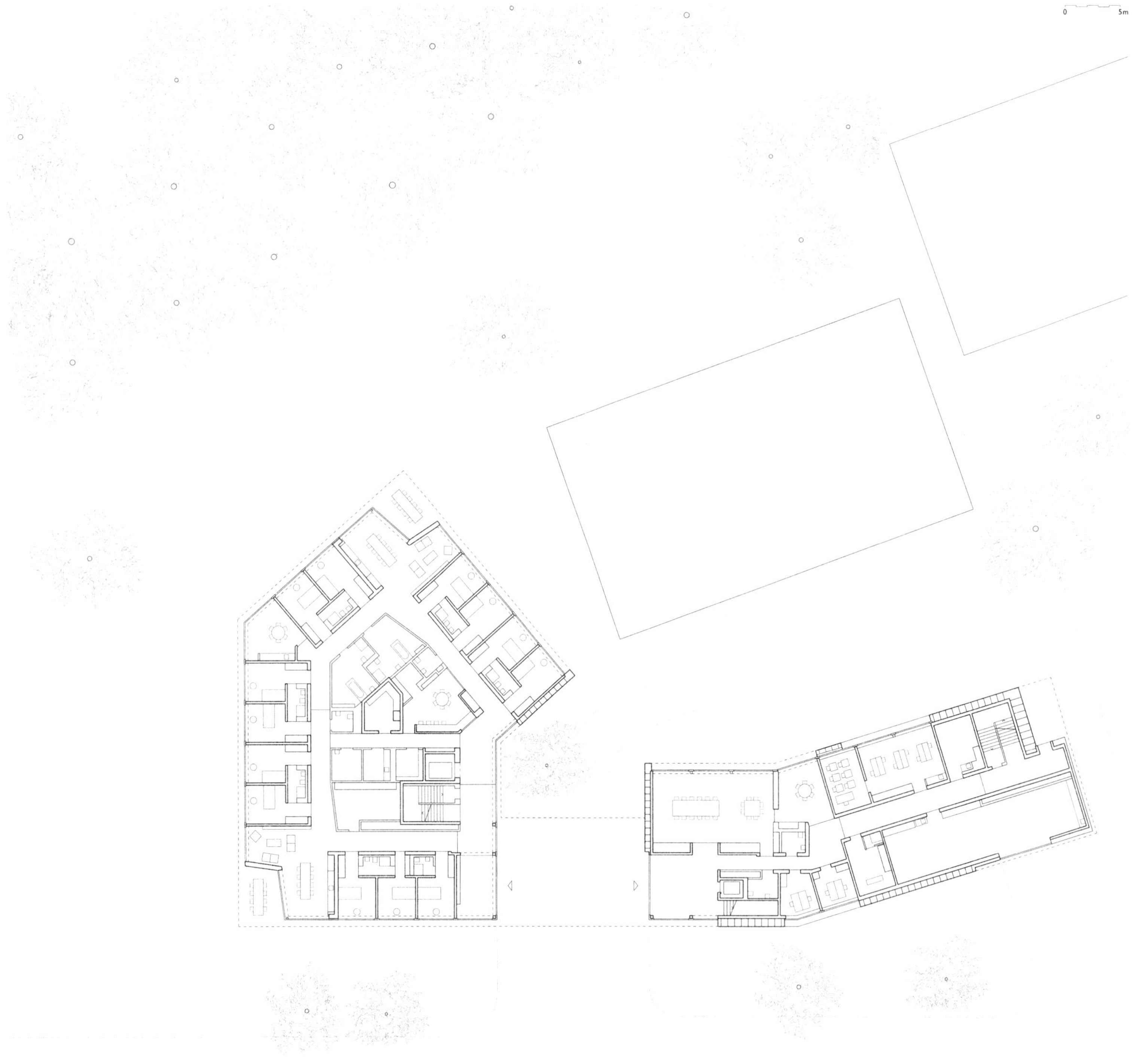
0
5m

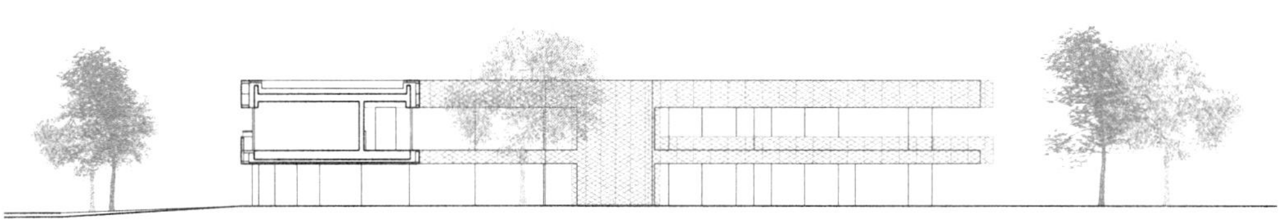

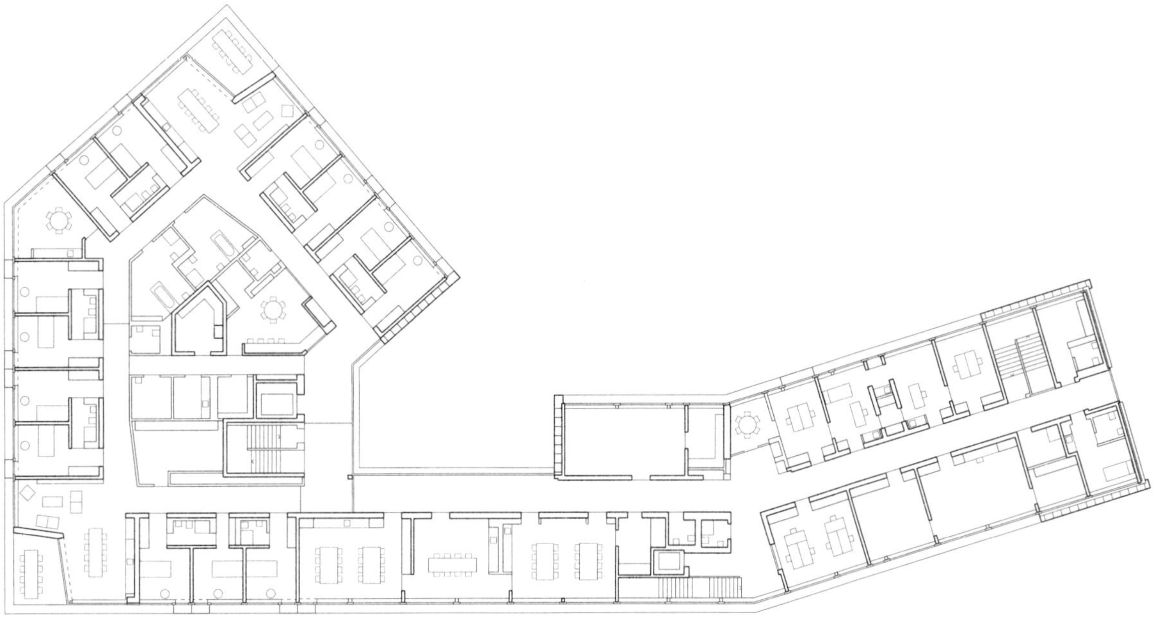

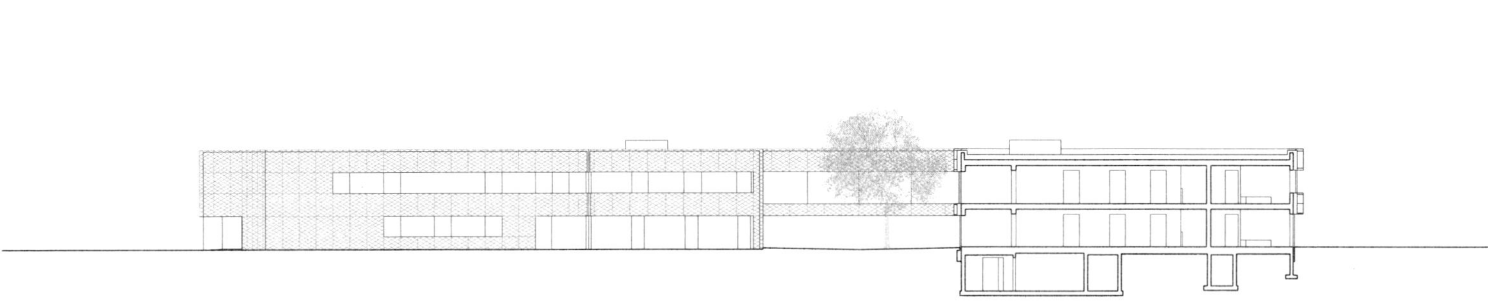

Fussballzentrum La Tuilière, Lausanne

La Tuilière football complex, Lausanne

Ausführung / Construction: 2015–2018
Wettbewerb / Competition: 2011
Bauherr / Client: Stadt Lausanne / Ville de Lausanne
Planung / Planning: David Martínez Grande, Vincent Haymoz, Romain Gros, Gabriela Bratu, Cyril Lemray, Jean-Michaël Taillebois, Alvaro Navas, Lise Navallon
Bauleitung / Construction management: Vincent Morel, David Martínez Grande, Charley Clavel, François Reynaud, Matilda Clerc
Bauingenieur / Structural engineer: Sollertia

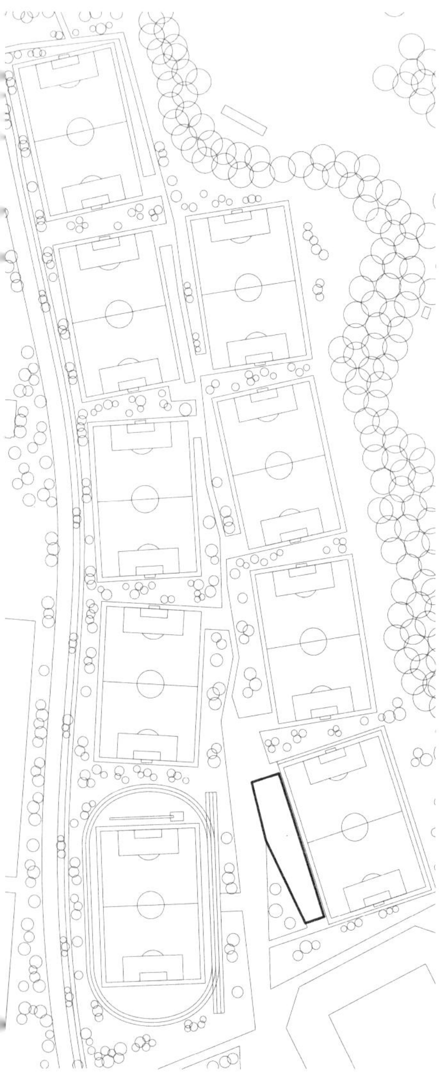

Der Standort La Tuilière befindet sich am Stadtrand von Lausanne, am Übergang zum ländlichen Umland. Es ist als grosses Sportgelände auf einer Waldlichtung angelegt, die vom alten Baumbestand der Talmulde des Flusses Petit-Flon und der neuen Bepflanzung des Projekts entlang der Route de Romanel begrenzt wird. Die neun Fussballplätze in Nord-Süd-Ausrichtung liegen zu beiden Seiten eines Fusswegs, der das Gelände gliedert und die Plätze erschliesst, wobei sich jedes Fussballfeld auf einem anderen Höhenniveau befindet und sich so an das stark abfallende Gelände anpasst. Um die Idee eines grossen Landschaftsparks zu berücksichtigen, weist der hervortretende Baukörper gebrochene Konturverläufe auf, ist mit hellen transparenten und undurchsichtigen Materialien verkleidet und mit einem Dach aus Beton gedeckt, das den Stützmauern der neun Fussballplätze ähnelt. Im Gebäude sind die Umkleiden für die Amateurfussballspieler sowie die drei Clubs der ersten Regionalliga untergebracht. In der ersten Etage befinden sich die Büroräume dieser drei Clubs sowie ein Mehrzwecksaal und eine Kaffeebar, deren Terrasse über dem Turniergelände thront. Dieser Baukörper umfasst überdachte Sitzreihen für ungefähr 300 Zuschauer.

The La Tuilière site is conceived as a large sports park set in a natural clearing created by existing trees in the Petit-Flon river valley. The nine football pitches and athletics track – all aligned on a north-south axis – extend in a sequence on either side of a pedestrian walkway which structures the design and provides access to the facilities; the design takes account of the challenging constraints of the sloping site, with each pitch set at a different level. The building that emerges is abstract in design, upholding the overall design concept of a landscape park. Its contours are shaped by angular lines and covered with transparent and opaque glass and a concrete roof similar to the retaining walls of the nine football pitches. This structure houses all the changing facilities necessary for the nine football pitches and athletics facilities to operate effectively, the administrative offices of the three premier-league clubs, a multi-purpose hall and a café-bar on a balcony overlooking the main sports arena. It also incorporates covered, tiered seating for around 300 spectators. The construction of this functional programme and the sports facilities form a coherent whole with respect to both the regional facilities they provide and their stylistic and material expression.

0 5m

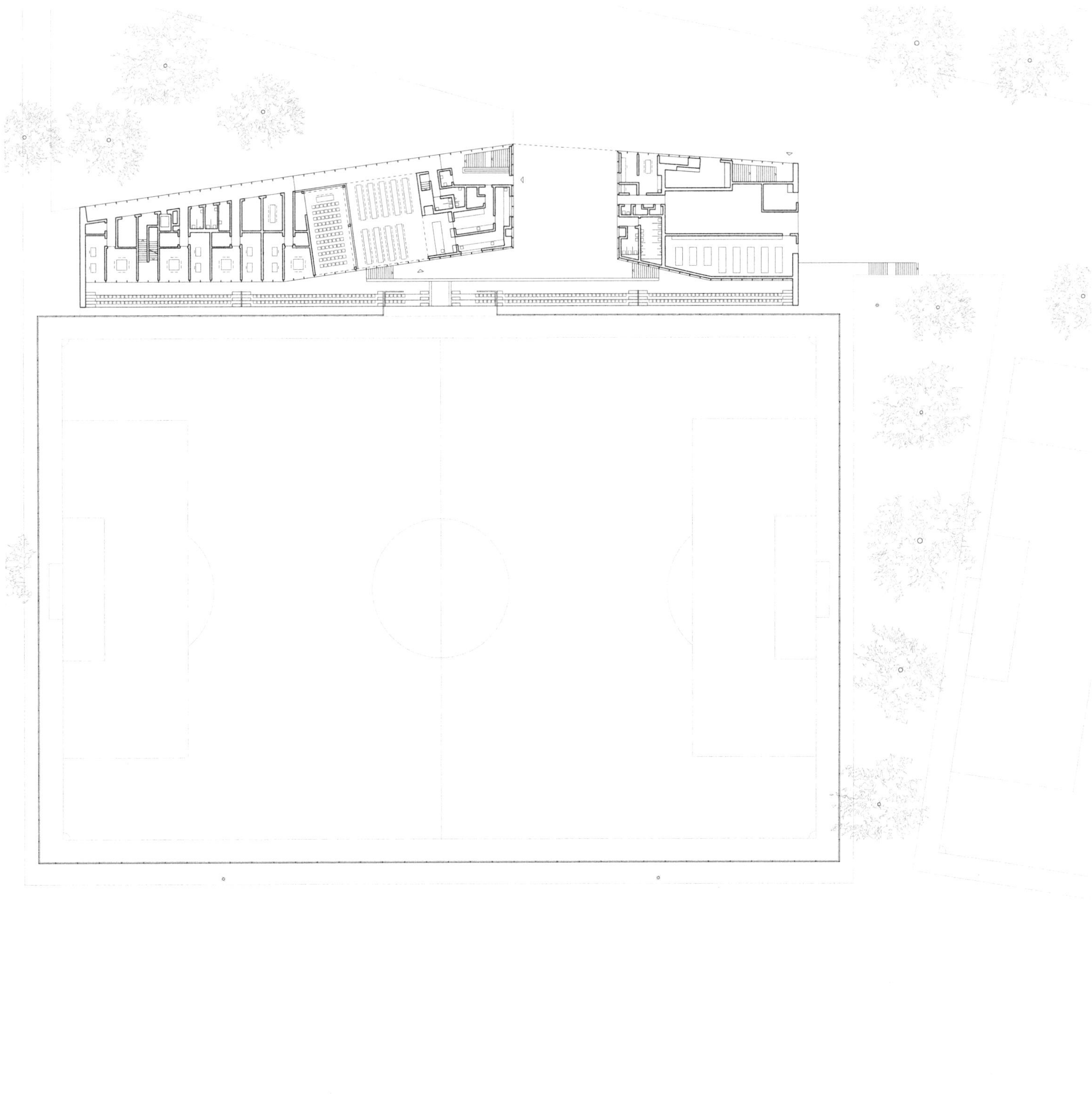

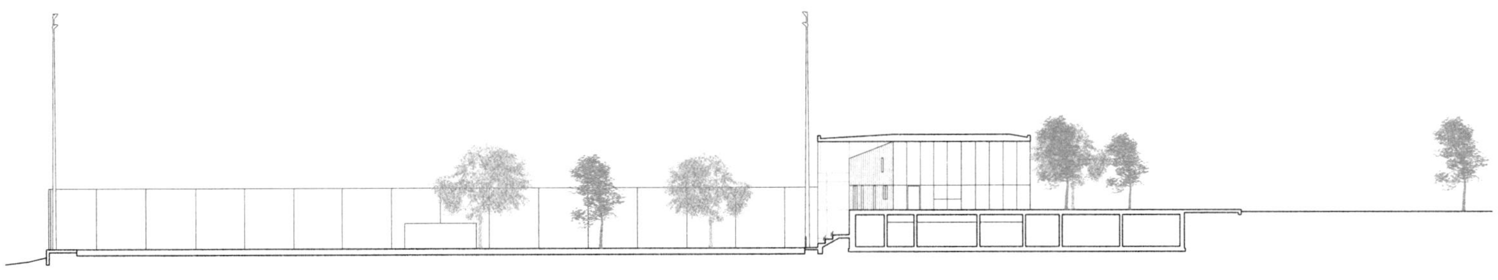

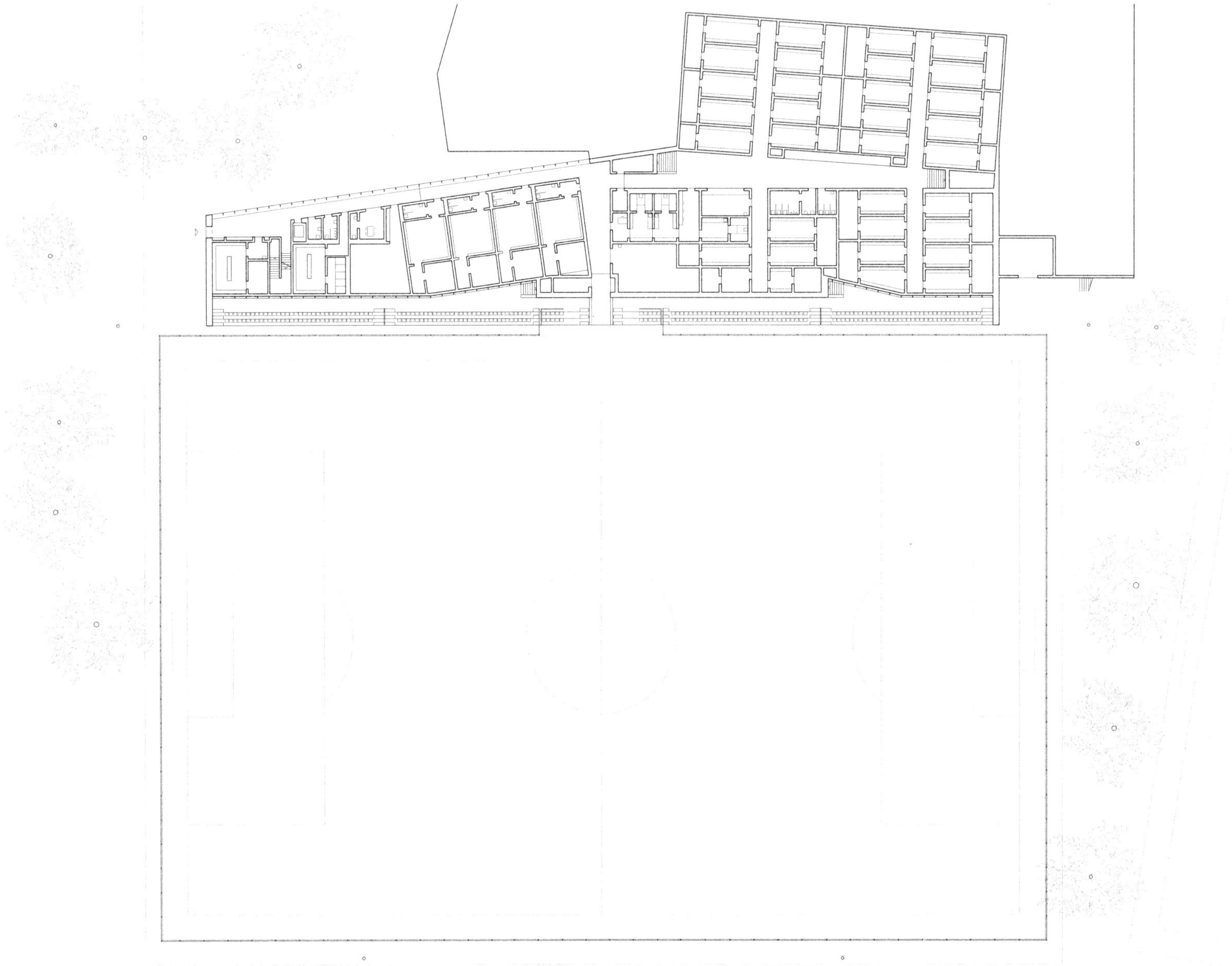

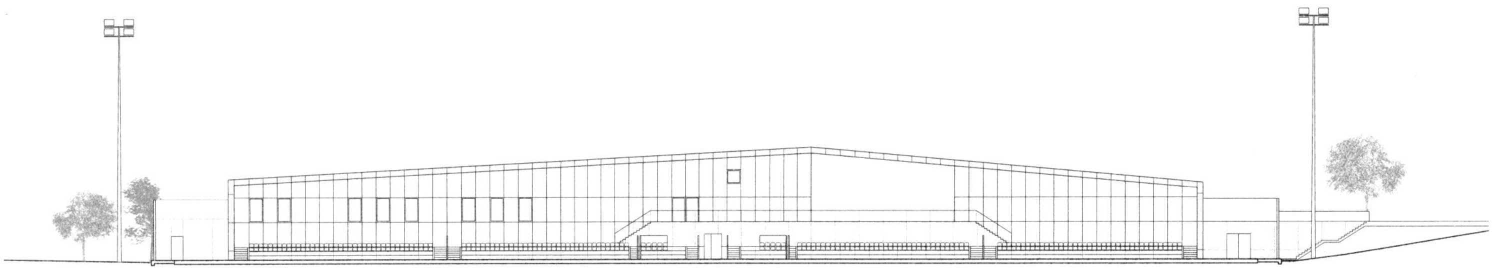

Sekundarschule, Riaz

Secondary school, Riaz

Ausführung / Construction: 2015–2018
Wettbewerb / Competition: 2013
Bauherr / Client: Gemeindeverband von Gruyère
Planung / Planning: Ludovic Maurel, Davide Di Capua, Lennart Harbich, Gaëtan Knüsli, Mathieu Reymond, David Martínez Grande
Bauleitung / Construction management: Thomas Hue, Jessica Giuliani, Matilda Clerc
Bauingenieur / Structural engineer: CSD SA
Landschaftsarchitektur / Landscape architecture: Weber + Brönnimann

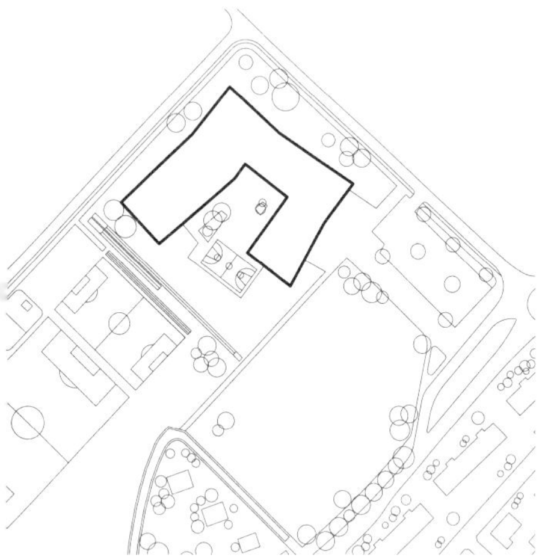

Das Gebäude der neuen Sekundarschule nimmt sich wie ein Markstein in dem Gelände am Rand der Landwirtschaftsflächen aus und kennzeichnet den Ortseingang von Riaz. Der Baukörper ist abgeknickt, damit der Hof vor dem Lärm der nahe gelegenen Strassen und auch vor dem hier häufig auftretenden starken Wind geschützt wird. Der Hof, der so zum Herzstück des Schulgeländes wird, öffnet sich grosszügig nach Süden und stellt eine schmale Sichtachse zum Ortszentrum und dessen Kirche her. Der Moléson und sein Bergmassiv im Hintergrund verleihen dem Standort seinen aussergewöhnlichen Reiz. Im Erdgeschoss befinden sich hauptsächlich die Räumlichkeiten für gemeinschaftliche und öffentliche Aktivitäten mit einem separaten Eingang. In den Obergeschossen sind die normalen Klassenräume im Randbereich des Baukörpers untergebracht, sodass eine direkte Verbindung zur umliegenden Landschaft hergestellt wird, während die Sonderklassen zum Hof ausgerichtet sind. Die Dicke der Fassade wird durch Fertigbetonelemente mit einer Tiefe von 1,15 Metern betont, die sich in einem Abstand von 2,25 Metern wiederholen. Diese Elemente haben einerseits eine statische Funktion, dienen aber auch als Sonnen- und Lärmschutz. Sie sind etagenweise jeweils gegeneinander versetzt, verteilen die Last somit gleichmässig und verleihen dem Gebäude ein ausdrucksstarkes Erscheinungsbild.

The construction of the new secondary school is something of a landmark in the built-up area and, situated at the edge of the farming land, marks the entrance to the village of Riaz. The school building is folded to protect the yard from the noise of the nearby roads and from the frequent winds. The yard becomes the heart of the school complex, opening wide to the south and establishing a close visual relationship with the centre of the village and its church. The backdrop of the "Moléson" and its accompanying massif adds considerable value to this site. The ground floor is primarily home to the common and public activities, boasting an independent entrance. On the upper floors, the normal classrooms are located around the outside of the building, communing with the landscape, while the special rooms look onto the courtyard. The thickness of the façade is expressed through the presence of prefabricated concrete elements 1.15 m deep at intervals of 2.25 m. These elements play a static role while also providing sound insulation and protection against the sun. Offset from one floor to the next, they spread the load evenly along the entire periphery and give the building a strong image.

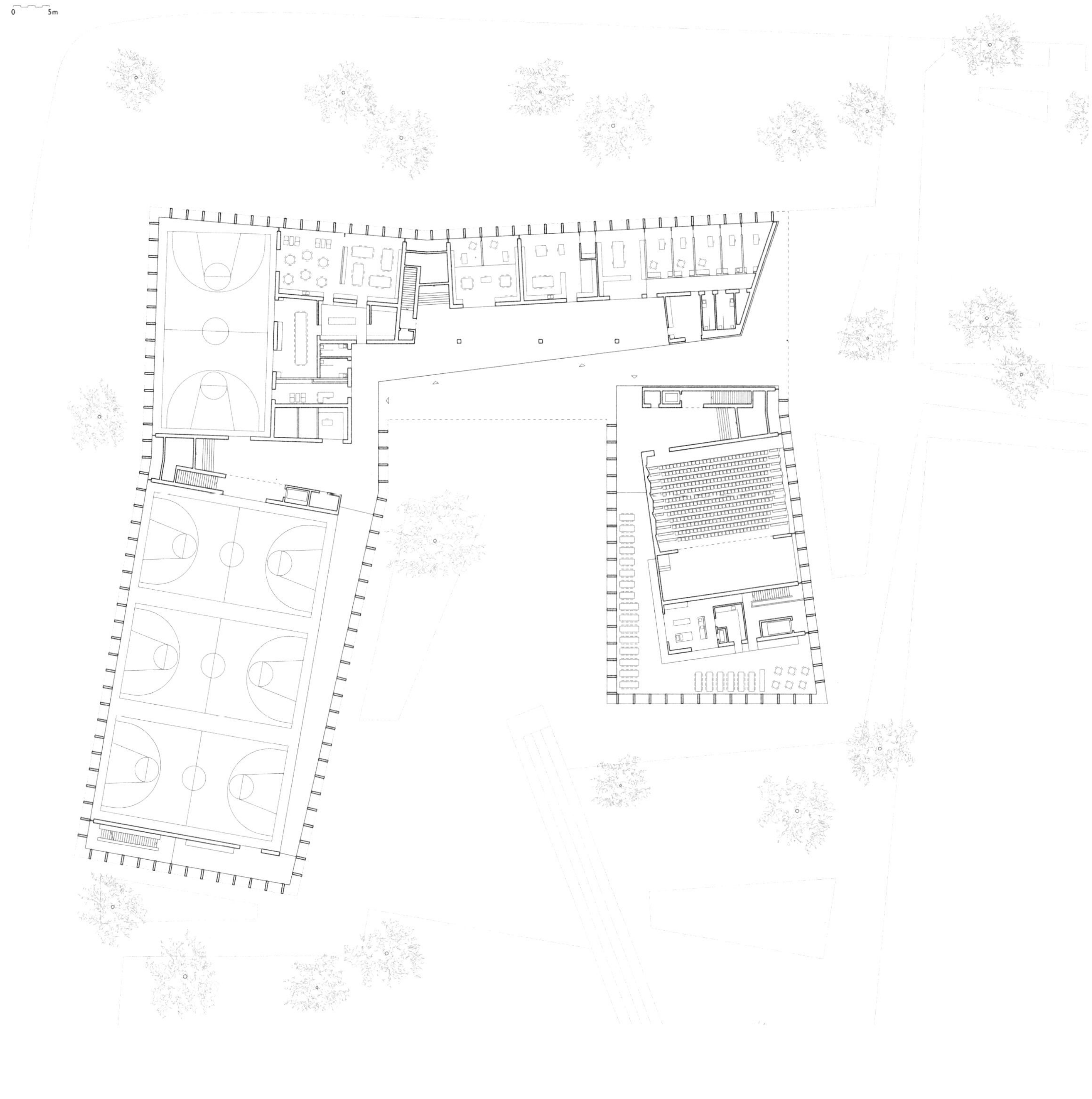
0
5m

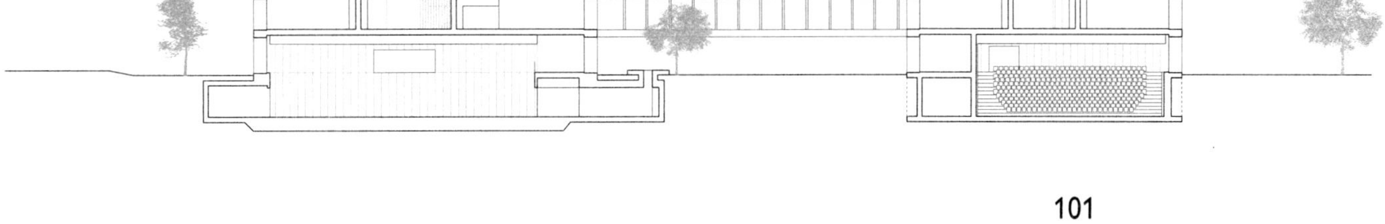

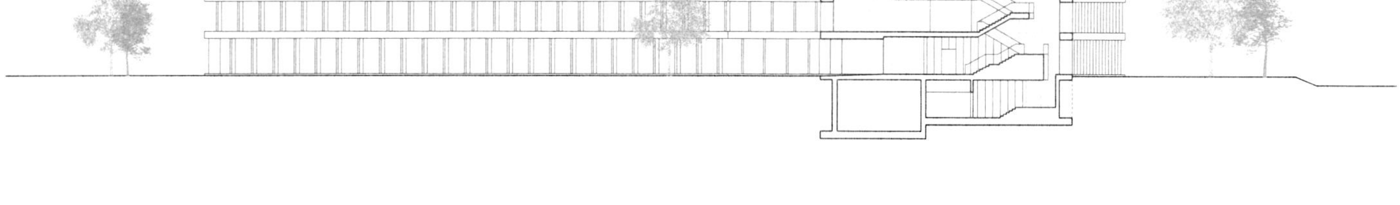

GYGER

Wohnbauten Pont-Rouge, Lausanne

Pont-Rouge housing, Lausanne

Wettbewerb / Competition: 2015,
1. Preis / 1st prize
Bauherr / Client: Logacop, Immobiliengenossenschaft
Planung / Planning: Gaëtan Knüsli, Jean-Michaël Taillebois

Das im ländlichen Nordosten Lausannes gelegene Wohnbauprojekt ist ein Ensemble aus kleinen Baukörpern und nimmt Bezug auf die bereits vorhandenen Gebäude. Es behält sich dabei jedoch eine Interpretationsfreiheit vor und stellt ein Gleichgewicht zwischen der gewünschten Kollektivunterkunft und den Einfamilienhäusern her. Die Bauvolumina gehen in ihrer Gliederung äusserst effizient auf die verschiedenen Wohnungstypen ein. Das Treppenhaus, das nicht isoliert ist, verbindet zwei Baukörper miteinander, die sich an das abfallende Gelände anpassen und mit Halbgeschossen spielen. Der Entwurf fügt sich so behutsam in das abfallende Baugrundstück ein. Diese Typologie erlaubt einen ebenerdigen Zugang sowohl im oberen als auch im tiefer gelegenem Teil der Gebäude, wodurch sich die einzige Zufahrtsstrasse im Gelände erklärt, die von ebenen Flächen begleitet wird, welche als gemeinschaftlich genutzte Räume gedacht sind. Die Überbauung fügt sich insofern behutsam in das Terrain ein, als das Ausmass der Erdbewegungen minimiert und die Aussenanlagen möglichst nah an ihrem natürlichen Zustand belassen wurden. Der Entwurf spielt mit der Ambiguität zwischen traditionellen Formen und Innovation. Die Wahl von kleinen, schlichten ineinander verschachtelten Holzbauten, die streng geometrisch konstruiert sind, passt zum Ort, zum Gelände und zum gemeinschaftlichen Charakter dieses neuen Quartiers.

In the north-east of Lausanne, close to the countryside, the project is a collection of small volumes reflecting the existing buildings on the site. It nevertheless creates a certain freedom of interpretation and a balance between the desired collective accommodation and the private house. This choice of interacting volumes is very effective in incorporating the different types of apartment. The exterior stairwell connects two buildings which adapt to the slope and play with half-levels. The project therefore delicately occupies a sloping plot. The design also provides level access from both the top and bottom of the buildings, hence the presence of a single service road across the entire site accompanied by flat, communal areas. The layout takes a sensitive approach to the land by minimising the amount of earth moved and leaving the outside areas as close to their natural state as possible. The project plays on the ambiguity between traditional forms and innovation. This choice of interlinking small, simple, carefully-built geometrical wooden buildings is completely in line with the setting, the site and the community atmosphere of this new quarter.

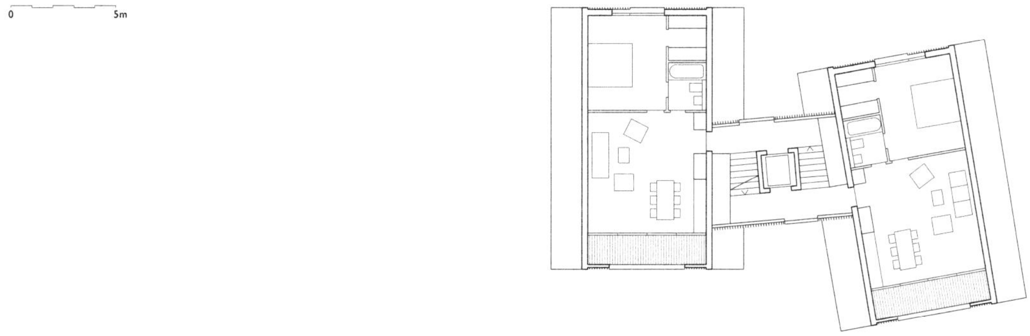
0
5m

Wohnbauten La Carraye, Leysin

La Carraye housing, Leysin

Ausführung / Construction: 2017–2019
Entwurf / Draft: 2013
Bauherr / Client: Steiner SA
Planung / Planning:
Federico Almárcegui Contín, David Martínez Grande, Pauline Lavisse, Alberto Pérez
Ausführung / Implementation: Steiner SA

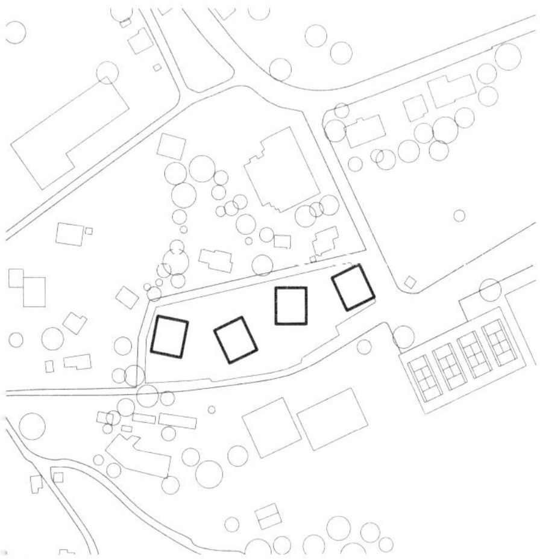

Auf einer Parzelle mit Panoramablick in alle vier Himmelsrichtungen am Ortseingang von Leysin gruppieren sich vier Wohnbauten, die auf diese Situation reagieren und die allesamt in verschiedene Richtungen orientiert sind. Jedes der vier Gebäude ist zudem jeweils leicht anders ausgerichtet, sodass ein direktes Gegenüber vermieden wird und jede Wohnung über einen Ausblick auf den Chamossaire und die Bergkette der Dents du Midi verfügt. Die Orientierung in unterschiedliche Richtungen wird durch eine zentrale Verteilung der Volumina und die Lage der Serviceräume im Gebäudeinneren verstärkt. Diese Organisation ist optimal für die Anlage von vier Wohnungen pro Geschoss, erlaubt aber auch eine Flexibilität, was deren Zahl und Grösse anbelangt. Die Fassade ist gänzlich den Wohnräumen vorbehalten. Sie ist durch stark ausgeprägte Horizontalen gegliedert und alternierend mit Holz oder mit Glas verkleidet. Diese Flexibilität ermöglicht an der Gebäudeecke alternativ auch die Einrichtung eines Geschäfts, von Arztpraxen oder von geschützten Wohnungen.

This project, consisting of four residential buildings, is located at the entrance to the village of Leysin on a plot of land enjoying sweeping views in all four directions. This unobstructed situation led to the development of a multi-directional design. Each of the four buildings also has a slightly different orientation, thereby ensuring they do not directly overlook the others and offering each apartment framed views over the "Chamossaire" and "Dents-du-Midi" mountains. The multi-directional design is asserted by means of a central distribution of the buildings and a sufficient depth to accommodate the service areas. This organisation is ideal for the installation of 4 apartments per floor while also ensuring that both the number of apartments on each floor and their size remain flexible. The façade is therefore left free and devoted entirely to the living areas, giving it an appearance that strongly expresses the horizontals with alternating wood cladding and glass. This flexibility also involves the installation of a shop at one corner of the plot as well as medical practices and protected apartments.

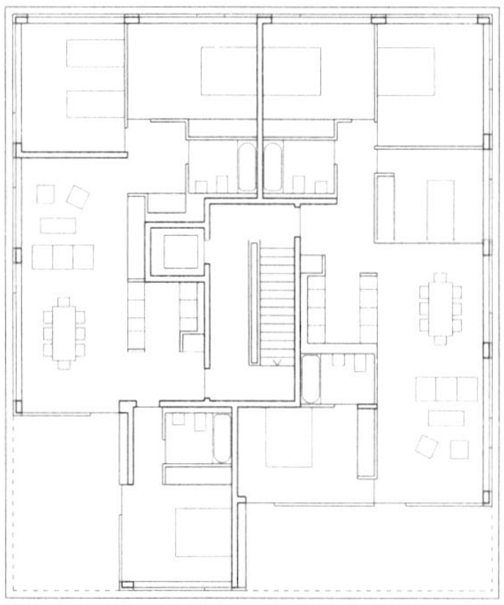

0
5m

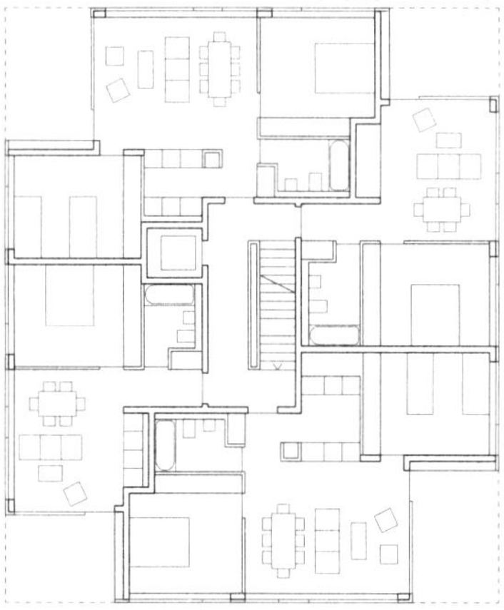

Werkverzeichnis / List of Works

Auswahl Bauten, Projekte und Wettbewerbe / Selection of buildings, projects and competitions

1990	1	Wettbewerb Schulzentrum Hermitage, Lausanne; 1. Ankauf
		Wettbewerb Pfarrzentrum, Place de la Cathédrale, Lausanne; 5. Preis
1991		Wettbewerb Schulzentrum und Brandwache, Monthey; 3. Preis
		Wettbewerb Sportzentrum, Yverdon-les-Bains; 1. Ankauf
1992	2	Haus Egli, Ollon
	3	Einrichtung Apotheke Gamma, Lausanne
		Wettbewerb Verwaltungsgebäude für den Kanton Waadt, Morges; 4. Preis
1994		Wettbewerb Klinik der Caisse Nationale suisse d'assurance en cas d'Accidents (CNA), Sitten; 3. Preis
1995	4	Wettbewerb Autobahnraststätte, Bavois; Zulassung zur 2. Runde
		Wettbewerb Gymnasium und Berufsschule, Morges; 7. Preis
	5	Wettbewerb Parlament des Kantons Waadt, Place du Château, Lausanne; 9. Preis
1996		Einfamilienhaus, Froideville
		Wettbewerb Nationales Strassenbauamt (Centre d'exploitation des routes nationales), Yverdon-les-Bains; 2. Preis
		Wettbewerb Kommunalbauten und Wohnungen, Saint-Sulpice; 5. Preis
1997		Einrichtung einer Cafébar und einer Bäckerei, Renens
		Wettbewerb Grundschule und Sporthalle, Bulle; 5. Preis
		Wettbewerb Ethnografisches Museum, Genf
1998		Renovierung einer Villa, Lausanne
		Wettbewerb Sekundarschule, Pully; Zulassung zur 2. Runde
	6	Wettbewerb Bibliothek, Vienne; Finalist
		Wettbewerb Viertel Les Grottes, Genf
		Wettbewerb Erweiterung der Bank für Internationalen Zahlungsausgleich (BIZ), Basel
1999	7	Wettbewerb Cristallinahütte, Airolo; 4. Preis
		Wettbewerb Schule von Tombay, Bussigny; 8. Preis
		Wettbewerb Sanierung des Seeufers, Yverdon-les-Bains; 3. Preis
		Wettbewerb Sport- und Mehrzweckhalle, Villaz-Saint-Pierre; 1. Preis, Ausführung 2002
		Wettbewerb Jardins 2000, Lausanne; 1. Preis
2000	8	Studie Nespresso-Werk, Orbe
	9	Wettbewerb Zentralverwaltungssitz für die Brandschutzversicherung ECAB, Freiburg / Granges-Paccot; 2. Preis
		Wettbewerb Pädagogisches Zentrum Chartem, Vennes; Zulassung zur 2. Runde
2001	10	Wettbewerb Theater, Freiburg i. Ü.; Zulassung zur 2. Runde (in Zusammenarbeit mit Tekhné SA)
		Wettbewerb Schulhaus Les Tuillières, Gland; 1. Preis, Ausführung 2005
2002		Wettbewerb Erweiterung des Olympiastadions, Lausanne; 9. Preis
		Wettbewerb Schul- und Sportzentrum, Blonay; 2. Preis
2003	11	Wettbewerb Schulzentrum, Vers-chez-les-Blancs; 2. Preis
	12	Wettbewerb Erweiterung der Welthandelsorganisation, Genf; Zulassung zur 2. Runde
		Wettbewerb Ärztliches Betreuungszentrum für ältere Menschen, Lutry; 1. Preis, 2. Platz
	13	Wettbewerb Schulzentrum Seymaz, Genf
2004		Wettbewerb Medizinisch-soziale Einrichtung von La Girarde, Epalinges
		Wettbewerb Medizinisch-soziale Einrichtung von Mont-Riant, Yverdon-les-Bains
		Wettbewerb Einrichtung des Schulzentrums Le Marais du Billet, Cheseaux-sur-Lausanne; 1. Preis (in Zusammenarbeit mit Tekhné SA)
		Wettbewerb Schulzentrum Le Marais du Billet, Cheseaux-sur-Lausanne; 1. Preis (in Zusammenarbeit mit Tekhné SA), Ausführung 2008
		Wettbewerb Doppelturnhalle, Borex-Crassier; 1. Preis, Ausführung 2007
		Studie Zentrale Forschungsverwaltungsstelle Nestlé, Vers-chez-les-Blancs
		Wettbewerb Medizinisch-soziale Einrichtung Bois-Gentil, Lausanne; 2. Preis
	14	Wettbewerb Musée des Beaux-Arts, Lausanne (in Zusammenarbeit mit Tekhné SA)

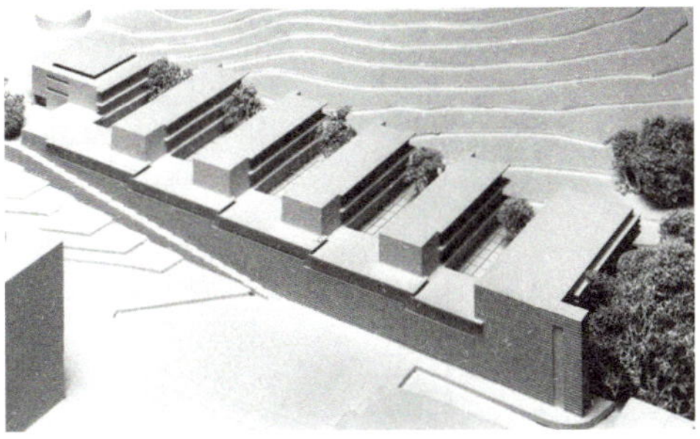
1

2

3

4

5

6

7

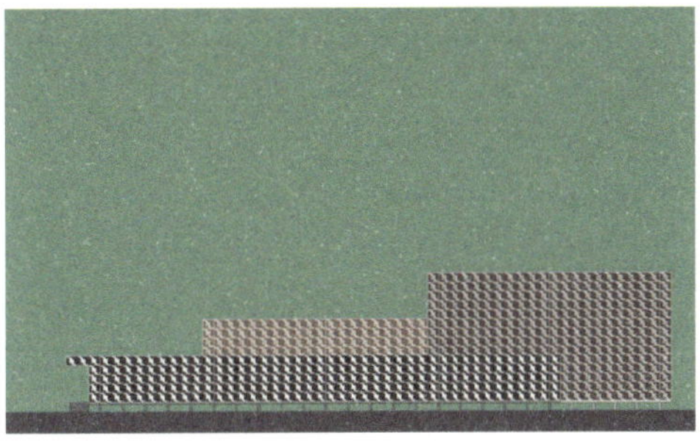
8

9

10

10

11

12

13

14

2004 Wettbewerb Grundschule, Villaz-Saint-Pierre; 2. Preis

Wettbewerb Theatersaal, Grandson; 2. Preis

2005 Wettbewerb Sekundarschule und Mehrzwecksporthalle Collège du Léman, Apples; 1. Preis, Ausführung 2009

2006 Umwandlung eines Hotels in ein Einfamilienhaus, Céligny, Ausführung 2008

15 Renovierung eines Apartments, La Chandoline, Lausanne

2007 **16** Wettbewerb Erweiterung der Uhrenmanufaktur Breguet, Vallée-de-Joux; 1. Preis

Wettbewerb Zentrum für Hirngeschädigte, Sitten; 3. Preis

2008 **17** Wettbewerb Jugendstrafanstalt, Palézieux; 2. Preis

Wettbewerb Schulzentrum, Le Mont-sur-Lausanne; 2. Preis

Studie Realisierung von Studentenwohnungen für die Fondation FMEL, Yverdon-les-Bains

Wettbewerb Raumordnungsplan des Viertels Sous-Géronde, Sierre; 1. Preis

2009 Wettbewerb Sekundarschule und Schule für Berufsvorbereitung, Saint-Maurice; 1. Preis, Ausführung 2014

Wettbewerb Théâtre de la Nouvelle Comédie, Genf

Wettbewerb Curlinghalle und Stadtplanung, Crans-Montana; 2. Preis

Wettbewerb Strassenbetriebsdienst- und Kulturzentrum, Gland; 2. Preis

2010 Wettbewerb Schulische und ausserschulische Infrastrukturen, Begnins; 3. Preis

Wettbewerb Schulgebäude und UAPE, Féchy; 2. Preis

18 Wettbewerb Wassersportzentrum, Crans-Montana; 1. Preis

2011 Wettbewerb Seniorenwohnheim Fondation de Vernand, Cheseaux-sur-Lausanne, 1. Preis

Wettbewerb Sport- und Fussballzentrum La Tuilière, Lausanne, 1. Preis, Ausführung 2018

Wettbewerb Kantonales Sportzentrum, Leysin, Wettbewerbsteilnahme, 1. Preis, Ausführung 2016

19 Wettbewerb SBB-Bahnhofskomplex, Sierre; 4. Preis

20 Wettbewerb Erweiterung des Théâtre du Jorat, Mezières; Finalist

2012 **21** Wettbewerb Büros und Kinderhort in der Avenue de Savoie, Vevey; 1. Preis

2013 Wettbewerb Sekundarschule, Riaz; Ausführung 2018

Machbarkeitsstudie Stadion Pierre-de-Coubertin, Lausanne

Wettbewerb Hallenbad von Montoly, Gland

Wettbewerb Parc Surville, Lancy

Wettbewerb Vergrösserung eines Senioren- und Pflegeheims, Penthalaz

Wettbewerb Erweiterung der Schule und Doppelturnhalle, Bussigny; Finalist

Wohnbauten La Carraye, Leysin

2014 Wettbewerb Wohnbauten Pont-Rouge, Lausanne; 1. Preis

22 Wettbewerb Sportzentrum Malley, Lausanne; 6. Preis

2015 **23** Wettbewerb Erweiterung der Unithèque, Universitätsbibliothek, Lausanne; 3. Preis

2016 **24** Wettbewerb Stadion Pierre-de-Coubertin, Lausanne; 6. Preis

Wettbewerb Kinderkrankenhaus, Genf

25 Wettbewerb Erweiterung des Collège de Bois-Murat, Epalinges; 3. Preis, lobende Erwähnung

26 Wettbewerb Schulzentrum, Turnhalle, Bibliothek und Aula, La Tour-de-Peilz

27 Wettbewerb Psychosoziale Einrichtung, Yverdon-les-Bains; 2. Preis

Renovierung von Büros in der Avenue Auguste-Tissot, Lausanne

2017 Wettbewerb Sekundarschule, Cugy

15

16

17

18

19

20

21

22

22

23

23

24

25

26

27

Graeme Mann	1960	geboren in Dundee GB
	1971	Übersiedlung in die Schweiz
	1980–1987	Diplom in Architektur an der ETH Lausanne
	1983–1984	Praktikum bei Vincent Mangeat in Nyon
	1984–1985	Praktikum bei Richard Rogers und Iva Jiricna in London
	1990–1996	Projektassistent im Fachbereich Architektur an der ETH Lausanne in den Workshops der Professoren Alin Décoppet, David Chipperfield, Martin und Lise Boesch, Tony Fretton, Alberto Campo Baeza und Elia Zenghelis
	1990	Gründung des Büros Graeme Mann & Patricia Capua Mann Architekten in Lausanne
	2006–2007	Gastprofessor an der ETH Lausanne
	2008	Mitglied des Bundes Schweizer Architekten (BSA)
	1960	Born in Dundee GB
	1971	Arrival in Switzerland
	1980–1987	Graduated in Architecture at the Ecole Polytechnique Fédérale de Lausanne
	1983–1984	Internship with Vincent Mangeat in Nyon
	1984–1985	Internship with Richard Rogers and Iva Jiricna in London
	1990–1996	Architectural Project Assistant at the EPFL in the workshops of Professors Alin Décoppet, David Chipperfield, Martin and Lise Boesch, Tony Fretton, Alberto Campo Baeza and Elia Zenghelis
	1990	Foundation of the Graeme Mann & Patricia Capua Mann agency, architects in Lausanne
	2006–2007	Guest Professor at the Ecole Polytechnique Fédérale de Lausanne
	2008	Member of the Federation of Swiss Architects (FAS)
Patricia Capua Mann	1960	geboren in Lausanne
	1980–1987	Diplom in Architektur an der ETH Lausanne
	1983–1985	Praktikum bei Luigi Blau in Wien A
	1988	Mitglied des Schweizerischen Ingenieur- und Architektenvereins (SIA)
	1989–1997	Projektassistentin im Fachbereich Architektur an der ETH Lausanne in den Workshops von Frédéric Aubry und Vincent Mangeat sowie am Lehrstuhl für Konstruktion ITB von Pierre-Alain Tschumi
	1997–2002	Lehrauftrag an der École Technique in Lausanne/Morges
	1990	Gründung des Büros Graeme Mann & Patricia Capua Mann Architekten in Lausanne
	2000–2005	Mitbegründerin und Präsidentin des Architekturforums Lausanne (F'AR)
	2006–2007	Gastprofessorin an der ETH Lausanne
	2008	Mitglied des Bundes Schweizer Architekten (BSA)
	2013–2015	«Lignum»-Beauftragte für die französische Schweiz
	1960	Born in Lausanne
	1980–1987	Graduatde in Architecture at the Ecole polytechnique fédérale de Lausanne
	1983–1985	Internship with Luigi Blau in Vienna A
	1988	Member of the Swiss Society of Engineers and Architects (SIA)
	1989–1997	Architectural Project Assistant at the EPFL in the workshops of Professors Frédéric Aubry and Vincent Mangeat and at the ITB Construction Chair of Pierre-Alain Tschumi
	1997–2002	Lecturer at the Ecole Technique de Lausanne/Morges
	1990	Foundation of the Graeme Mann & Patricia Capua Mann agency, architects in Lausanne
	2000–2005	Co-founder and President of the "Forum d'architectures de Lausanne" (F'AR)
	2006–2007	Guest Professor at the Ecole Polytechnique Fédérale de Lausanne
	2008	Member of the Federation of Swiss Architects (FAS)
	2013–2015	"Lignum" delegate for French-speaking Switzerland

Mitarbeitende / Employees	Federico Almárcegui Contín, Céline Boccard, Augustin Bourgeois, Pénélope Charpentier, Charley Clavel, Matilda Clerc, Jessica Giuliani, Romain Gros, Lennart Harbich, Vincent Haymoz, Thomas Hue, Gaëtan Knüsli, Adrian Mann, David Martínez Grande, Ludovic Maurel, Vincent Morel, Mathieu Reymond, Bryan Varela	
1990–2016	Henrik Axelson, Philippe Béboux, Timothé Beuret, Gabriela Bratu, Andreas Buchmann, Nicole Bühler, Antoine Carel, Felix Caspary, Davide Cisternino, Tong Cui, Isumi Darbellay, René Decoppet, Rodrigo del Canto, Hugo Dias, Davide Di Capua, Romain Dubuis, Michel Duc, Yvan Dupanloup, François Eugster, Véronique Favre Perregaux, Nicolas Favrod, Nicolo Fenu, Sara Gerber, Etienne Gillabert, Jean-Claude Girard, Alexandre Gobbini, Christina Gonzales, Pierre Gumy, Fred Hatt, Frank Herbert, Robert Krasser, Aurélie Krotoff, Danilla Lappi, Pauline Lavisse, Sandra Leitao, Cyril Lemray, Olivier Maillard, Christophe Mattar, Samuel Moinat, Lise Navallon, Alvaro Navas, Pedro d'Orey Marchand, Eric Ott, James Payne, Alberto Perez, Christophe Pidoux, Barbara Queloz, François Reynaud, Dominik Riser, Katia Ritz, Korbinian Schneider, Philippe Steiner, Jean-Michael-Taillebois, Gerard Veciana, Jean-Thomas Vovesny, Thomas Wegener, Helen Zach, Mojca Zavodnik	
Auszeichnungen / Distinctions	1996	*Bourse fédérale des Beaux-arts* (Eidgenössisches Kunststipendium), Auswahl mit der Apotheke Gamma in Lausanne
		Bourse fédérale des Beaux-arts (Eidgenössisches Kunststipendium), Auswahl mit dem Haus Egli in Ollon
		Distinction vaudoise d'architecture (Architekturpreis der französischen Schweiz), lobende Erwähnung der Apotheke Gamma in Lausanne
	2000	*Bois 2000,* Auszeichnung für das Projekt Pont-bisse, Lausanne Jardins
	2006	*Bois 21,* Auszeichnung für die Doppelturnhalle in Borex-Crassier
		Distinction romande d'architecture (Architekturpreis der französischen Schweiz), lobende Erwähnung für die Sport- und Mehrzweckhalle in Villaz-Saint-Pierre
	2008	*Best architects 09,* Goldmedaille für die Doppelturnhalle in Borex-Crassier
		Best architects 09, Auszeichnung für das Schulhaus Les Tuillières in Gland
		Best architects 09, Auszeichnung für das Schulzentrum Le Marais du Billet in Cheseaux-sur-Lausanne
	2009	*IAKS Preis*, Köln, Goldmedaille für die Doppelturnhalle in Borex-Crassier
		Prix Lignum, lobende Erwähnung der Doppelturnhalle in Borex-Crassier
	2010	*PRIXFORIX Fassadenaward* in Bern, 1. Preis für das Schulzentrum Le Marais du Billet in Cheseaux-sur-Lausanne
		Distinction romande d'architecture (Architekturpreis der französischen Schweiz), lobende Erwähnung für die Doppelturnhalle in Borex-Crassier
		Best architects 11, Auszeichnung für Sekundarschule und Mehrzwecksporthalle Collège du Léman in Apples
		Prix Velux Stiftung Award, Nominierung für die Doppelturnhalle in Borex-Crassier und das Schulzentrum Marais du Billet in Cheseaux-sur-Lausanne
	2015	*Best Architects 16,* Auszeichnung für die Sekundarschule und die Schule für Berufsvorbereitung Saint-Maurice
Ausstellungen / Exhibitions	1996	Messe Basel, Eidgenössisches Kunststipendium, Apotheke Gamma und Haus Egli
	1998	ETH Lausanne, 6 cadres
		Schweizerisches Architekturmuseum Basel, Wettbewerb für die Bank für Internationalen Zahlungsausgleich
	2004	Gruppenausstellung *FACES 54 lémanique,* Architekturforum Lausanne, Sport- und Mehrzweckhalle in Villaz-Saint-Pierre
	2005	Gemeinschaftsausstellung von zwölf Wettbewerben für medizinisch-soziale Einrichtungen, Architekturforum Lausanne
	2006	Architekturforum Lausanne, Architekturpreis der französischen Schweiz, Mehrzwecksporthalle in Villaz-Saint-Pierre
		Carte blanche, Architekturforum Lausanne, Ausstellung von vier Realisierungen
	2007	Kornhaus in Bern, Auszeichnung *Bois 21*, Doppelturnhalle in Borex-Crassier
	2009	Ausstellung Graeme Mann & Patricia Capua Mann an der ETH Hönggerberg in Zürich
		IAKS-Ausstellung in Köln, Deutschland, Doppelturnhalle in Borex-Crassier
	2010	Gruppenausstellung Luigi Snozzi an der Eidgenössischen Technischen Hochschule Lausanne (EPFL)

2010 Ausstellung zum *Distinction Romande d'architecture* (Architekturpreis der französischen Schweiz) im Musée des Beaux-arts in La Chaux-de-Fonds, Doppelturnhalle in Borex-Crassier

2011 Gruppenausstellung *Construction with timber-ways into the future* in der Pinakothek der Moderne München D

2012 13. Architekturbiennale, Venedig: *Traces of centuries & future steps*

2014 14. Architekturbiennale, Venedig: *Time, space, existence*

2015 Gruppenausstellung *Architektur0.15* in den Maag-Hallen in Zürich

2016 Gruppenausstellung *Architektur0.16* in den Maag-Hallen in Zürich

Vorträge / Lectures

2005 Eidgenössische Technische Hochschule Lausanne, Einladung von Professor Bruno Marchand

2006 Architekturforum Lausanne

2009 ETH Zürich

Internationales Holzbauforum Garmisch-Partenkirchen D

2010 Fachhochschule Nordwestschweiz Basel

2011 7. Forum des Schweizerischen Ingenieur- und Architektenvereins SIA *Bâtir et planifier* an der ETH Lausanne

Archipel VZW, Flämische Vereinigung für Architektur, Gent B

2012 Universität Teheran, Iran, auf Einladung der Schweizer Botschaft

Islamische Azad-Universität Teheran, Iran, auf Einladung der Schweizer Botschaft

2015 Festa dell'architettura, Cesena I

Bibliografie / Bibliography

1993 Concours d'un bâtiment de l'administration cantonale BAC à Morges. In: Aktuelle Wettbewerbs Scene, Nr. 3, S. 13–15.

1995 Place du Château à Lausanne. In: Aktuelle Wettbewerbs Scene, Nr. 4/5, S. 24.

Aménagement d'une pharmacie et de ses laboratoires. In: AS (Architecture Suisse), Nr. 118, S. 29–32.

1996 Maison familiale à Ollon. In: Habitation, Nr. 5, S. 8.

Portraits d'architecture vaudoise, 1992–1995, S. 93–94 (Gamma-Apotheke in Lausanne).

Concours du Centre d'enseignement CESS et CEP à Morges. In: Aktuelle Wettbewerbs Scene, Nr. 6, S. 39.

1997 Maison Egli à Ollon. In: AS (Architecture Suisse), Nr. 126, S. 1–4.

Laure Kelly: Sinnliche Einfachheit. In: Raum und Wohnen, Nr. 12, S. 58–69.

Paule Potterat: Architecture avec vue. In: Femina, Nr. 19, S. 48–51.

Graeme Mann & Patricia Capua Mann. In: Archimade, Nr. 56, S. 55–56.

Concours de bâtiments communaux à St-Sulpice. In: Aktuelle Wettbewerbs Scene, Nr. 1, S. 35.

Concours de l'agrandissement du centre d'exploitation des routes à Yverdon-les-Bains. In: Aktuelle Wettbewerbs Scene, Nr. 2, S. 33–35.

1998 Alexandra Rihs: Carrières de femmes – Passion d'ingénieures, Lausanne, S. 46–55.

Laure Kelly: La grandeur dans la simplicité. In: Maison et Ambiance, Nr. 2, S. 10–19 (Haus Egli in Ollon).

1999 Maison Egli à Ollon. In: Idea, Nr. 1, S. 66–68.

2000 Concours du collège du Tombay II à Bussigny-près-Lausanne. In: Aktuelle Wettbewerbs Scene, Nr. 1, S. 81.

Jardins 2000. In: IAS (Ingénieurs et architectes suisses), Nr. 5, S. 8.

Lausanne jardins 2000, concours d'idées, pont-bisse. In: Anthos, Nr. 2, S. 60–61.

2001 Concours pour le nouveau siège de l'assurance ECAB à Granges-Paccot. In: IAS (Ingénieurs et architectes suisses), Nr. 6, S. 87.

2002 Concours du stade olympique de la Pontaise à Lausanne. In: Hochparterre Wettbewerbe, Nr. 5, S. 74.

Concours du collège secondaire des Tuillières à Gland. In: Tracés, Nr. 5, S. 24–25.

Evelyn Carola Frisch: Salle de sport polyvalente intercommunale, Villaz-St.Pierre. In: Bulletin du Bois, Nr. 64, S. 1092–1095.

2003 Salle de sport polyvalente à Villaz-St-Pierre. In: AS (Architecture Suisse), Nr. 149, S. 21–24.

2004 Bruno Marchand: Salle de sport polyvalente à Villaz-St-Pierre. In: Faces 54, S. 32–33.

Inge Beckel, Gisela Vollmer: Terraingewinn, Wettingen, S. 92–93.

2005	En visite. In: Recueil des visites SIA VD 2001–2005, Nr. 26 und 41 (Sport- und Mehrzweckhalle in Villaz-Saint-Pierre und Sekundarschule Collège des Tuillières in Gland). Une salle polyvalente. In: Séquence bois, Nr. 53, S. 6–7 (Sport- und Mehrzweckhalle in Villaz-Saint-Pierre).
2006	Colegio des Tuillières. In: Temas de arquitectura 5-Arquitectura escolar 3, S. 30–39. Collège des Tuillières à Gland. In: AS (Architecture Suisse), Nr. 163, S. 21–24.
2007	Charles von Büren: Nouveaux horizons – Pool d'idées bois 21 2005–2006–2007, S. 24–25 (Doppelturnhalle in Borex-Crassier). Marc Dudek: Ecoles et jardins d'enfants, Gollion, S. 210–213 (Schulhaus Les Tuillières in Gland). Marc Dudek: Schools and Kindergartens, Basel, S. 210–213 (Schulhaus Les Tuillières in Gland). Intégration douce. In: Idea, Nr. 2, S. 40–42 (Sport- und Mehrzweckhalle in Villaz-Saint-Pierre).
2008	Best architects 09, S. 146–157 (Doppelturnhalle in Borex-Crassier, Schulhaus Les Tuillières in Gland, Schulzentrum Le Marais du Billet und Mehrzweckhalle in Cheseaux-sur-Lausanne). Graeme Mann et Patricia Capua Mann, hg. von Bruno Marchand, Basel (Infolio-Monografie). Graeme Mann et Patricia Capua Mann, hg. von Bruno Marchand, Basel (Birkhäuser-Monography). Nicole Schick: Harmonies lumineuses. In: Bâtir, Nr. 11, S. 17–21 (Schulzentrum Le Marais du Billet und Mehrzweckhalle in Cheseaux-sur-Lausanne). Alexander Ostrogorsky: Une école à l'espace riche et raffiné. In: Interni, Nr. 6, S. 28–29 (Schulzentrum Le Marais du Billet und Mehrzweckhalle in Cheseaux-sur-Lausanne). Neighborhood Sports. In: C3, Nr. 287, S. 82–89 (Doppelturnhalle in Borex-Crassier). Yves Dreier: A vos marques, prêt, partez ! In: Werk, Bauen + Wohnen, Nr. 4, S. 54–55 (Doppelturnhalle in Borex-Crassier).
2009	Anna Schindler: Die Schule als zweites Zuhause. In: Werk, Bauen + Wohnen, Nr. 5, S. 58–59 (Schulzentrum Le Marais du Billet und Mehrzweckhalle in Cheseaux-sur-Lausanne). Manuel Joss: Ballfänger und Blickfang. In: Deutsche Bauzeitung, Nr. 3, S. 29–33 (Doppelturnhalle in Borex-Crassier). Colegio «Le Marais du Billet». In: Temas de arquitectura 8-Arquitectura escolar 8, S. 70–83. Fassade/Façade. Schweizerische Fachzeitschrift für Fenster- und Fassadenbau / Journal Suisse de la Technique pour Fenêtres et Façades, Nr. 2, S. 13–18 (Schulzentrum Le Marais du Billet und Mehrzweckhalle in Cheseaux-sur-Lausanne). Caroline Dionne: Monographie Graeme Mann et Patricia Capua Mann. In: Tracés, Nr. 5, S. 23. Francesco Della Casa: Une rhétorique obstinée et discrète. In: Tracés, Nr. 4, S. 20–24 (Schulzentrum Le Marais du Billet und Mehrzweckhalle in Cheseaux-sur-Lausanne).
2010	Best architects 11, S. 218–221 (Sekundarschule und Mehrzwecksporthalle Collège du Léman in Apples). Distinctions romandes d'architecture 2. In: Domobât, Nr. 5/6, S. 14. Scintillante. In: Idea, Nr. 6, S. 34–35 (Sekundarschule und Mehrzwecksporthalle Collège du Léman in Apples). Collège du Léman à Apples. In: AS (Architecture Suisse), Nr. 179, S. 25–28. Architecture–école Polytechnique Fédérale de Lausanne, S. 20. Equipements sportifs, salle de gymnastique double à Borex-Crassier. In: Séquences Bois, Nr. 79, 2010, S. 20–21. Construction bois-halles. In: Lignum, Nr. 10, S. 32–33, S. 38–39 (Doppelturnhalle in Borex-Crassier und Sport- und Mehrzweckhalle in Villaz-Saint-Pierre).
2011	100 Selected Works in Switzerland 2000–2009, multipurpose sports hall Villaz-St-Pierre. In: a+u, Nr. 484, S. 22.

	2011	Le toit d'or 2011 – Recueil de beaux travaux concernant les thèmes architecture, enveloppe du bâtiment, artisanat, S. 10–11.
	2012	SIA, en visite ..., Sammelband 2006/2011 (Doppelturnhalle in Borex-Crassier, Schulzentrum Le Marais du Billet und Mehrzweckhalle in Cheseaux-sur-Lausanne, Sekundarschule und Mehrzwecksporthalle Collège du Léman in Apples). Colegio del Leman y Sala Polivalente en Apples. Suiza. In: Temas de arquitectura 15-Arquitectura escolar 7, S. 40–51. Tilo Richter, Volumen und Material. In: Deutsche Bauzeitung, Mai, S. 42–48 (Sekundarschule und Mehrzwecksporthalle Collège du Léman). Global art affairs catalogue, 13. Biennale d'architettura di Venezia (Waadtländisches Sportzentrum, Sekundarschule und Schule für Berufsvorbereitung in Saint-Maurice). Fassade/Façade. Schweizerische Fachzeitschrift für Fenster- und Fassadenbau / Journal Suisse de la Technique pour Fenêtres et Façades, Nr. 2, S. 68 (Schulzentrum Le Marais du Billet und Mehrzweckhalle in Cheseaux-sur-Lausanne).
	2013	Timber construction manual, hg. von Thomas Herzog, Julius Natterer, Roland Schweitzer, Michael Volz und Wolfgang Winter, Basel 2013, S. 54–55 (Doppelturnhalle in Borex Crassier).
	2014	Bruno Marchand, Marielle Savoyat, Des maisons pas comme les autres. Etablissements médico-sociaux vaudois – Concours et réalisations, Ecublens 2014 (Cahiers de théorie, Nr. 10), S. 73 (Projekt Epouse-moi für den Wettbewerb des EMS Clair Vully in Salavaux).
	2015	Best architects 16, cycle d'orientation et école préprofessionnelle de Saint-Maurice, S. 326–329. Bau der Woche – Construire le vide et recoudre la ville. In: www.swiss-architects.com, 18. August 2015 (Sekundarschule und Schule für Berufsvorbereitung in Saint-Maurice). Erweiterung der Unibibliothek. In: www.baunetz.de, 11. Dezember 2015 (Universitätsbibliothek Lausanne). Stephanie Bender, Yves Dreier: Cuvée valaisienne. Une école et le siège d'une entreprise dans la tradition valaisanne du béton. In: Werk, Bauen + Wohnen, Nr. 7/8, S. 19–27 (Sekundarschule und Schule für Berufsvorbereitung in Saint-Maurice).
	2016	Maison du sport vaudois. In: www.architectmagazine.com, 22. November 2016. Region of Vaud sport house, Leysin. In: www.afasia.com, 19. Oktober 2016. Michael Koller: «écoles: création d'un espace urbain». In: Viso, Nr. 5, S. 42–49 (Sekundarschule und Schule für Berufsvorbereitung in Saint-Maurice).
	2017	Sport im Doppelpack, Sporthallen und Arenen, sb IAKS, La Maison du Sport Vaudois, Ausgabe 1, S. 56–57.

Matthieu Jaccard (Textbeitrag / Article)	1970	geboren in Pully, lebt in Lausanne und Zürich
	1987–1991	Ausbildung zum Bauzeichner in Lausanne
	1991–1995	Architekturstudium an der Hochschule für Technik und Architektur Freiburg
	1995–1997	Architekt in Lausanne und Berlin
	1997–2008	Literaturstudium an der Universität Lausanne
	1999–2005	zeitweilig Mitarbeiter der Archives de la construction moderne der EPFL und der Schweizerischen Archäologischen Schule in Griechenland (UNIL)
	2003	freiberuflicher Ausstellungskurator, Organisator von Veranstaltungen
	2005–2012	Kommissionsmitglied der Architekturpreise Distinction romande d'architecture I und II
	2010	Lehrbeauftragter an verschiedenen Hochschulen (Architekturschule Athenaeum, Kantonale Hochschule für Kunst und Design Lausanne ECAL)
	2014	Ausstellungskurator und Referent am Théâtre de Vidy-Lausanne

« Construire, c'est collaborer avec le temps sous son aspect de passé, en saisir ou en modifier l'esprit, lui servir de relais vers un plus long avenir; c'est retrouver sous les pierres le secret des sources »
(Marguerite Yourcenar, *Mémoires d'Hadrien*)

Merci à tous ceux parmi notre famille, nos collaborateurs, nos maîtres d'ouvrages, ingénieurs et entreprises, photographes, infographistes, graphiste qui ont su partager ses « espaces du temps » liés à cette passion de construire et qui ont contribué à laisser une trace de l'homme sur des paysages à jamais modifiés. Ces traces permettent de tisser des liens à travers le temps, révèlent « les secrets des sources » et en créent de nouveaux pour les générations futures pour « collaborer avec le temps… ».
Merci à tous ceux qui ont compris l'émotion qui nous guide dans notre travail et qui ont ainsi eu la joie de la partager.
Nos derniers remerciements vont à la famille Wirz, Linus, Heinz, Antonia et Anna Maria qui nous ont permis de réunir une vie de travail et de recherche dans cet ouvrage et qui contribue par d'autre moyen à tisser des liens dans le temps.

Finanzielle und ideelle Unterstützung
Financial and conceptual support

Ein besonderer Dank gilt den Institutionen und Sponsorfirmen, deren finanzielle Unterstützungen wesentlich zum Entstehen dieser Buchreihe beitragen. Ihr kulturelles Engagement ermöglicht ein fruchtbares und freundschaftliches Zusammenwirken von Baukultur und Bauwirtschaft.

Special thanks to our sponsors and institutions whose financial support has helped us so much with the production of this series of books. Their cultural commitment is a valuable contribution to fruitful and cordial collaboration between the culture and economics of architecture.

Schweizerische Eidgenossenschaft
Confédération suisse
Confederazione Svizzera
Confederaziun svizra

Eidgenössisches Departement des Innern EDI
Département fédéral de l'intérieur DFI
Dipartimento federale dell'interno DFI
Departament federal da l'intern DFI
Bundesamt für Kultur BAK
Office fédéral de la culture OFC
Ufficio federale della cultura UFC
Uffizi federal da cultura UFC

prohelvetia

canton de vaud

Ville de Gland

ADV Constructions SA
Penthaz

Alder+Eisenhut AG
Ebnat-Kappel

Grisoni-Zaugg SA
Saint-Légier-La Chiésaz

Embru-Werke AG

Jakob AG
Trubschachen

Pittsburgh Corning (Schweiz) AG
Risch-Rotkreuz

Realsport Outdoor SA
Rossens

Zuttion Construction SA
Neuchâtel

Quart Verlag Luzern / Quart Publishers Lucerne

De aedibus – Zeitgenössische Architekten und ihre Bauten / Contemporary architects and their buildings

68 Graeme Mann & Patricia Capua Mann (de/en)
67 Esposito Javet (de/en und de/fr)
66 Galletti Matter (de/en und de/fr)
65 Fruehauf, Henry & Viladoms (de/en)
64 Jakob Steib (de/en)
63 bunq (de/en)
62 Jean-Paul Jaccaud (de/en und de/fr)
61 huggenbergerfries (de/en)
60 Berrel Berrel Kräutler (de/en)
59 Pierre-Alain Dupraz (de/en und de/fr)
58 Cometti Truffer (de/en)
57 Joos & Mathys (de/en)
56 Lacroix Chessex (de/en)
55 Savioz Fabrizzi (de/en und de/fr)
54 Boegli Kramp (de/en)
53 Zita Cotti (de/en)
52 Oestreich + Schmid (de/en)
51 Stump & Schibli Architekten (de/en)
50 Luca Gazzaniga (de/en)
49 Guignard & Saner (de/en)
48 Morger + Dettli (de/en)
47 Charles Pictet (de/en)
46 Armando Ruinelli + Partner (de/en/it)
45 Luca Selva Architekten (de/en)
44 Luca Deon (de/en)
43 2b (de/en)
42 Durisch + Nolli (de/en)
41 sabarchitekten (de/en)
40 Beat Rothen (de/en)
39 Atelier Bonnet (de/en)
38 Novaron (de/en)
37 Althammer Hochuli (de/en)
36 Schneider & Schneider (de/en)
35 Frei & Ehrensperger (de und en)
34 Liechti Graf Zumsteg (de/en)
33 Adrian Streich (de/en)
32 Daniele Marques (de/en)
31 Neff Neumann (de/en)
30 Giraudi Wettstein (de/en)
29 Steinmann & Schmid (de/en)
28 Matthias Ackermann (de/en)
27 Aeby & Perneger (de/en)
26 Bakker & Blanc (de/en)
25 Markus Wespi Jérôme de Meuron (de/en)
24 Bauart (de/en und de/fr)
23 Knapkiewicz & Fickert (de/en)
22 Marcel Ferrier (de/en)
21 Wild Bär Architekten (de/en)
20 Enzmann + Fischer (de/en)
19 Mierta und Kurt Lazzarini (de/en)
18 Rolf Mühlethaler (de/en)
17 Pablo Horváth (de/en)
16 Brauen + Wälchli (de/en)
15 E2A Eckert Eckert Architekten (de/en)
14 Lussi + Halter (de/en)
13 Philipp Brühwiler (de/en)
12 Scheitlin – Syfrig + Partner (de/en)
11 Vittorio Magnago Lampugnani (de/en)
10 Bonnard Woeffray (de/en und de/fr)
9 Graber Pulver (de/en)
8 Burkhalter Sumi / Makiol Wiederkehr (de/en)
7 Gigon/Guyer (de und en)
6 Andrea Bassi (de, fr und en)
5 Dieter Jüngling und Andreas Hagmann (de und en)
4 Beat Consoni (de und en)
3 Max Bosshard & Christoph Luchsinger (de)
2 Miroslav Šik (de, en und it)
1 Valentin Bearth & Andrea Deplazes (de, en und it)

Quart Verlag GmbH, Heinz Wirz; Verlag für Architektur und Kunst
Denkmalstrasse 2, CH-6006 Luzern; books@quart.ch, www.quart.ch